富孩子,穷孩子

(白金版)

严行方◎著

图书在版编目(CIP)数据

富孩子,穷孩子/严行方著.—上海:立信会计出版社,2016.8
 ISBN 978-7-5429-5124-3

Ⅰ.①富… Ⅱ.①严… Ⅲ.①家庭教育 Ⅳ.①G78

中国版本图书馆 CIP 数据核字(2016)第 153477 号

策划编辑	张　寻
责任编辑	蔡伟莉　张　寻
封面设计	南房间

富孩子,穷孩子
Fuhaizi Qionghaizi

出版发行	立信会计出版社		
地　　址	上海市中山西路 2230 号	邮政编码	200235
电　　话	(021)64411389	传　真	(021)64411325
网　　址	www.lixinaph.com	电子邮箱	lxaph@sh163.net
网上书店	www.shlx.net	电　话	(021)64411071
经　　销	各地新华书店		
印　　刷	常熟市梅李印刷有限公司		
开　　本	710 毫米×960 毫米	1/16	
印　　张	14	插　页	2
字　　数	195 千字		
版　　次	2016 年 8 月第 1 版		
印　　次	2016 年 8 月第 1 次		
印　　数	1—6 230		
书　　号	ISBN 978-7-5429-5124-3/G		
定　　价	36.00 元		

如有印订差错,请与本社联系调换

授之以鱼,不如授之以渔
——白金版序

本书是我国第一部财商教育本土著作,也是我最满意的代表作之一。

财商教育之不足,在我国已引发诸多社会问题。2016年上半年,国内多地再次掀起一股炒房热,深圳、上海、北京等地甚至出现同一套房一夜涨价百万依然遭到哄抢的局面。撇开其他因素,这里就与博弈各方的财商高低有关。

财商的本意是财富商数、金融智商,指认识、创造、管理财富的能力。它具体包括两方面:一是认识财富倍增规律及创造财富的能力,二是驾驭、运用财富的能力。财商(FQ)与智商(IQ)、情商(EQ)一起,构成现代人不可或缺的三大基本素质。

财商的概念最早出现在1999年,并同步传入中国;少儿理财教育的实践则已有数十年。21世纪初,我国出现了一股《富爸爸,穷爸爸》热,随之而来的少儿理财培训风起云涌,市场上到处充斥着引进版少儿财商教育图书。本书作为我国第一部财商教育本土著作，2011年甫一问世就被许多老师及家教机构选为培训读物，在满足父母和孩子共同品读的同时，很快就带动起一批同类图书的跟风问世。

本书的最大特点在于：切合中国国情，摒弃生硬说教；说理透彻有力，令人不得不服。细细品读之余，会给孩子以潜移默化的熏陶，满足当代家庭更新理财观念、帮助孩子建立正确金钱观的迫切需要。

现实是：一方面，社会财富和家庭财富在快速增长，男女老幼都不得不越来越频繁地与金钱打交道，越来越需要树立正确的财富观，在财商作用下作出理性、智慧的选择；另一方面，财商教育在欧美国家已经纳入中小学教学体系，可是在我国至今依然是空白，如果家庭教育中再不补上这一块，便会与大多数人实现财务自由的重要人生目标背道而驰。明白了这一点就知道，为什么《中国人财富亚健康报告》中提到的"穷忙族一年到头在穷忙""月光族每到月底花光光""存钱族只爱存钱不投资""贪心族押宝博傻高收益""抵触族根本不信专业理财"等典型性财商欠缺情形比比皆是了。

以"压岁钱"为例。这本是对孩子进行财商教育的最好切入口，可是在中国，通常会采取以下三种方法：一是压岁钱上缴给父母，算是悉数充公；二是抓大放小，任由孩子支配，如买玩具、缴学费等；三是父母代管，存银行或买基金、炒股票等。在这其中，第一、第三种方法都会让孩子觉得这压岁钱与他无关，不是漠不关心就是极端抵制，不但失去了财商教育的好机会，甚至还会起反作用；只有第二种方法，才会让他觉得这钱是属于他的，促使他真正有动力地去学习、管理、加厚这笔财富。这时候令父母们想不到的是，原本担心孩子乱花钱的行为多半只是多虑。如果能辅之以适当引导，不失为一条较好的家庭教育途径。其实，这正是经济学中的一条基本规律：古今中外没有谁会比自己更关心个人利益。

现代社会，经济及金钱现象无处不在，人们对金钱的态度、获取和管理的能力，越来越影响幸福指数。也就是说，财商对一个人的重要程度正在超过智商和情商。假如金钱是一堆数据，财商就好比是计算公式。不会公式，这些数据之间呈现出的便是一种杂乱无章；而一旦掌握公式，探求答案就可能会变得轻而易举（当然也可能依然算不出来）。这就是，为什么各方面条件相近的人或家庭，由于财商高低、理财观念、投资方式不同最终导致生活安排大相径庭的原因。

本书初版后颇受市场欢迎，读者在不吝溢美之词的同时，也提出了若干修改意见，并强烈呼吁修订再版。为此，我又将全书重新勘校一遍，做了部分资料更新，以顺应今天发展了的时代要求。

本书读者对象不仅针对全国3.5亿少年儿童，更有广大父母及教育工作者。但愿成功的财商教育会带给孩子一生的幸福！

严行方

于2016年8月

IQ EQ FQ：一个都不能少
——第一版序

现在的父母很苦，孩子也很累。除了学校里规定的课程外，父母还要把大量的时间、大把的金钱花在孩子身上，让他上这个补习班、那个兴趣班，学这个钢琴、那个舞蹈，把本该温馨恬静的小家庭搞得车水马龙，就连爷爷奶奶、外公外婆也折腾得够呛，这又何苦呢？

还有一些学校，年年都倡导素质教育，可是总也离不开奥数、钢琴、舞蹈、书法，又都培养出什么样的孩子来了呢？

所以你看现在的孩子，身体、心理素质越来越差，操场上站那么几分钟就会晕倒；毕业后挣钱没学会，花钱大手大脚却不用教，"月光族""啃老族""房奴""卡奴"们比比皆是。

实惠一点看，孩子在校时学习成绩好不好不重要，是不是名牌大学毕业的也不重要；小两口恩爱，能挣会花，小日子过得舒坦，会孝顺双方父母，最好还有能力帮助父母改善一下住房条件，经常送父母外出旅游散散心，这样的孩子才没白养。比只会弹弹钢琴、跳跳舞强多了。

而这，就和他们是不是具备必要的财商，与父母有没有对他们财商启蒙有关，和智商高低反而关系不大。

穷怕了的国人在家庭教育中有一种怪现象，那就是：一方面，苛求孩子将来一定要幸福，这其中必不可少的是要"有钱"；另一方面，又从来不教孩子怎样才能"有钱"，只是空洞地提出要"好好读书""将来考个好大学"。学校教育亦是如此，从来没有与财商教育有关的科目。

所以，最常见的是：孩子过去"好好读书"了，现在也已经从"好大学"毕业了，却尴尬地找不到工作；或者虽然找到了工作，却活得不开心，养活自己尚且不易，养家糊口就更勉为其难。于是乎，在埋怨这埋怨那的同时，只能将就就业，免得闲在家中无事生非！

这哪里是求职哟。稍微懂点经济学的人都知道，工资是劳动力的价格。你现在付出了劳动，却得不到应有的报酬甚至被迫零报酬，从教育经济学角度看，这样的价格根本就不能体现出价值来。任何投入都追求回报，教育投资如果不能得到应有的回报便是失败的。

现在的孩子生活在信息时代，什么东西都能接触到，什么都懂，不懂的只是赚钱。古今中外，能赚钱的人一定聪明（当然你也可以说他们"狡黠"什么的），但聪明的人不一定会赚钱。这说明：赚钱比聪明难。

不会赚钱的当然不仅是孩子们，成年人中也多得很。这固然有各种各样的原因，但同国人从来没有接受过起码的财商教育有莫大的关系。

俗话说："种瓜得瓜，种豆得豆。"如果你想让孩子将来幸福、

"有钱",就必须从小对他们进行理财教育,提高他们的财商。完全可以说,财商比智商更重要、财商教育比智商教育更重要,至少也是同等重要。

想想吧,孩子在学校里上课,整天题海战术,此外还有少量用于点缀的体育课、音乐课、电脑课、手工课、生理卫生课,唯一缺少的就是理财课,好像理财不重要似的。而其实呢,一个人如果掌握了一手过硬的赚钱本领,懂得怎样去投资理财,那么,无论他生活在什么朝代、什么国家,不但个人生活无后顾之忧,而且还能为家庭、为社会作出更大的贡献,拥有崇高的社会地位。

试想:如果你有足够的实力乐善好施、捐款捐物,捐建希望小学、资助贫困儿童,或者干脆达到全球首富比尔·盖茨、沃伦·巴菲特那样的境界,还用担心不会受到全社会的普遍尊敬,以至于名垂青史吗?

从这个角度看,国人几千年来推崇把智力教育放在第一位,不说搞错了对象,至少也是不全面的。真正应该排在第一位的是财商教育。一会儿说"仓廪实则知礼节、衣食足则知荣辱",一会儿又说"万般皆下品、唯有读书高",实在是把几千年来的教育方针给搞糊涂了。

在这方面,穷怕了的国人远没有我们的祖先明智,多数人至今依然糊涂得很。

我国西汉时期有一位大官名叫疏广(?—前45),告老还乡后每天免费款待乡里乡亲们好酒好菜。他经常问家人还有多少钱,督促家人拿出来招待大家。就这样过了一年多,疏广的子孙悄悄告诉疏广最信得过的族人说,疏广应该买点地产留给后代,不能这样吃光用光了、让子孙后代们以后受苦。疏广听了之后说,我并没有老糊涂呀：现在我的子孙像普通百姓那样勤劳，足够吃用的了，再给他们增加什么不但是多余的，而且会养成懒惰的习惯。如果子孙贤良，过多的财富会损害他们的志向；如果子孙愚懒，过多的财富会增加他们的罪过。更不用说，钱财过多还会遭人嫉恨，实在不是什么好事啊。我这些钱都是皇帝赐给我养老的，现在我把它拿出来和乡亲们共同享受皇帝的恩赐，不是很好吗？

晚清政治家林则徐（1785—1850）读了这则故事后深为感动，写下这样一副对联：上联是"子孙若如我，留财做什么？贤而多财，则损其志"；下联是"子孙不如我，留钱做什么？愚而多财，益增其过。"

由此可见，明智的父母不会给孩子留下太多的钱财，更不会自己节衣缩食、苦得要命，却让孩子锦衣玉食、挥霍无度，而是会致力于培养他们的财商。换个角度看，认真读书、好好工作、锻炼身体等，也都是为了更好地赚钱、赚更多的钱、赚更轻松的钱，然后回馈给社会。虽然金钱不是万能的，但没有钱是万万不能的。

这就是古人所说的"授之以鱼，不如授之以渔。"哪怕你拥有再多的鱼传给子孙，如果他不会捕鱼，吃完了鲜鱼吃咸鱼，早晚也会坐吃山空；相反，如果他掌握了捕鱼的本领，就永远都不愁没鱼吃。

财商教育在国外开展得较早，已有几十年历史；可是在我国才刚刚起步。目前市面上的相关图书主要是引进版的，与我国国情相差甚远，这样在参考作用上就打了大折扣。

本书作为我国儿童财商教育的第一部本土著作，力图通过发生在你身边的各种真实案例，反复强调这样三句话：一是财商教育很重要，要说多重要就有多重要；二是财商教育有诀窍，方法不同效果迥异；三是学校里不设财商教育这门课，家庭教育中就一定要补上，否则就是父母的失职！

严行方

于 2010 年 11 月

目　录

白金版序：授之以鱼，不如授之以渔

第一版序：IQ EQ FQ：一个都不能少

第一章　你想培养什么样的孩子 ……1

父母都希望孩子将来能过上幸福生活，其中的应有之义是"有钱"。可是，如果你眼睛只盯着孩子的作业、考试、分数，而忽略投资理财能力的培养，就不怕南辕北辙吗？

人为什么会有贫富差别 ……3

财商教育是时代必须 ……5

母鸡式的爱孩子 ……8

"死读书"和"读书死" ……11

近富者富，近穷者穷 ……14

17	学会像富人那样思考
19	人人向往财务自由

第二章　怎样对孩子谈钱

23　　　对孩子谈钱，主要是灌输一种观念，即"钱不是万能的，没有钱是万万不能的"。钱是一种客观存在，任何人回避不了。帮助孩子及早摆正金钱的位置，有助于最终的事业成功。

25	人生的交通工具多种多样
27	观念比钱多钱少更重要
30	体会货币的交换功能
33	没谁规定父母的钱就是孩子的
36	工资只够开销，资产才能致富
38	储蓄会让你越来越穷
41	赚钱不吃力，吃力不赚钱

第三章　钱不是万能的

45　　　钱不是万能的。所以不要迷信钱能解决一切问题。实际上，能用钱解决的问题都不是大问题，不能用钱解决的问题如性格、学习、工作、价值观、交际圈等才更要引起高度重视。

47	清华高材生错误的成才观
49	35岁的传说
52	平衡的金钱个性

54	延缓享受的价值观
57	不贪意外之财
60	人脉＝钱脉
62	给孩子的钱要适可而止
65	**第四章　没有钱是万万不能的**

当今社会没有钱是万万不能的。要求孩子远离铜臭既不现实，也没必要，更不可能。既然这样，让孩子从小就认清钱的本质，敢于谈钱，是养儿防老对你提出的更高要求。

67	远离铜臭不可能也不现实
69	养儿防老提出的更高要求
72	穷人的苦恼，富人的烦恼
74	市场经济下要敢于谈钱
77	赚什么样的钱能致富
80	规划合适的积累率
83	从现金流游戏中认识钱
87	**第五章　钱的价值在于运用**

钱的价值在于运用。培养孩子从小认识、掌握货币运动规律很有必要。类似于"今天我当家"这样的活动非常锻炼人。要不要给零花钱、怎样使用零花钱更是一门大学问。

89	种瓜得瓜，种钱得钱

91	资产和负债的角色互换
94	母鸡下蛋和公鸡打鸣
96	让孩子学当董事长
99	让孩子成为合伙人
101	怎样给孩子零花钱
104	怎样合理使用零花钱

109　第六章　发现孩子的天赋

　　每位父母都希望自己有钱，同时也希望将来孩子有钱。而有钱是会遗传的。为此要根据孩子的天赋因材施教，缺啥补啥。兴趣是最好的老师，点拨孩子的理财兴趣很重要。

111	有钱人是会"遗传"的
113	教育的真正含义是挖掘天赋
116	每个孩子都很聪明
118	考察孩子的财务行为
121	欲取先予
123	懂点财会知识很有用
125	适当点拨理财兴趣

129　第七章　依据天赋扬长避短

　　在财商教育方面，根据孩子的天赋扬长避短，选择恰当而不是最热门的职业，并设定突破性目标，这样更便于取得成功。当然，也不要在一棵树上吊死。东方不亮西方亮嘛！

131	家庭成员的科学分工
134	不同年龄有不同话题
136	依据财商选择职业
139	赚钱和兴趣相结合
141	设定突破性目标
143	赖在家里不肯工作怎么办
145	东方不亮西方亮

149	第八章　财商培育的家庭作业

俗话说："实践出真知"。最好的教育方式是亲身体验。平时要利用一切机会让孩子熟悉有关商品、货币、交换、价格、价值、投资、投机等概念。如果可能，让孩子打打工。

151	制定财产奋斗规划
153	多多采用启发式问句
155	有单独的银行账户
157	在餐桌上了解全家开销
160	在超市熟悉经营管理
162	在证券公司讲解投资和投机
165	打工，离现实越来越近

169	第九章　明确财商教育目标

做任何事情都要有目标，财商教育也不例外。要帮助

孩子树立他心目中的财富英雄，重视知识、爱好学习，着重提高个人能力。骨架搭好后，接下来就是丰满学习内容了。

171	孩子眼里的财富英雄
173	能力是最可靠保障
176	书中自有黄金屋
178	智慧＝财富
180	时间就是金钱
183	培养经济责任感
185	不在一条道上走到黑

189　**第十章　修正几个错误观念**

人人都希望孩子将来幸福、"有钱"，遗憾的是大多数父母的观念是错误的。以其昏昏使人昭昭，只能让孩子的财商教育越走越远。即使不是南辕北辙，也可能会离题万里。

191	钱多就是财商高
193	孩子对钱没概念
196	孩子用不着有自己的钱
198	我家的孩子（不）会花钱
201	聪明的孩子将来收入高
203	赚钱是不用教的
206	中产阶级最幸福

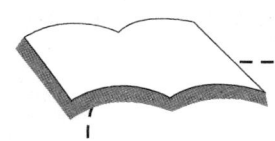

第一章

你想培养什么样的孩子

父母都希望孩子将来能过上幸福生活,其中的应有之义是"有钱"。可是,如果你眼睛只盯着孩子的作业、考试、分数,而忽略投资理财能力的培养,就不怕南辕北辙吗?

人为什么会有贫富差别

人与人之间为什么会有贫富差别？其中的原因多种多样，既有个人的，也有社会的，还有时代的，可谓数不胜数。

从个人因素来说，其中就包括财商方面的差别，而且这个因素非常重要，并且在市场经济条件下越来越重要。

因为大家所处的时代、面临的社会背景基本相同，这时候家庭的经济、政治、社会地位以及个人的财商高低，就在一定程度上影响甚至决定着贫富差别。

如果你对此有怀疑，可以看看同一父母所生的几个兄弟姐妹，每人成家立业后的小家庭之贫富差别有多悬殊，恐怕就容易理解了。

无论是穷是富，现在要抚养一个孩子长大成人都不容易。2016年1月1日起我国全面实施一对夫妇可生育两个孩子的"全面两孩"政策。2012年至2014年的调查表明，我国育龄人群意愿生育水平较低且保持稳定，全部育龄人群的"两孩"终身生育意愿稳定在55%；夫妻双方一方是独生子女的生育意愿更低，明确打算生育"两孩"的不到30%、明确打算不生育"两孩"的却超过40%[1]。在这其中，人们最大的担忧是经济、工作、住房。

而在这三大因素中，首当其冲的是经济。换句话说，如果要再多生一个孩子，不但自己现有的经济负担会大大加重，而且还担心孩子将来长大后的经济条件。说得更直接一点就是，人们担心孩子将来生活是不是成问题，至少是没有十

---

[1] 张丽萍、王广州：《中国育龄人群二孩生育意愿与生育计划研究》，载《人口与经济》2015年第6期。

分把握能保证孩子过上目前这样的生活。

这实际上还是牵涉到一个贫富问题。

其实，生两个孩子是这样，一个孩子也是如此。无论你想培养什么样的孩子，都必须从小注重财商培育，为他们将来过上幸福、安康的生活打下一定的基础。

看起来这似乎是一个非常简单的道理，但中国父母在这里有一个很大的误区，就是过分注重孩子的智力培育，从而忽略了其应有的财商教育。

当然，这不是现在才出现的问题，几千年来一直如此。中国历代王朝最基本的经济思想都是"重农抑商"，由此产生根深蒂固的影响是不足为奇的。而国外的情况就不是这样，这也是它们比较富裕的原因之一。

美籍华裔学者夏保罗作为国际著名企业家、教育家，曾经培养了上千位CEO。他应邀来我国辽宁省大连市为企业家讲学时，就反复提到一个观点，那就是孩子不会理财，就注定"富不过三代"。

他以自身为例。他的五个孩子都考上美国名牌大学的MBA，他们从小就必须学会记账，每个星期都要检查一下自己的消费行为，哪些钱该花、哪些钱不该花，哪些钱花多了、哪些钱花少了，都要进行总结。久而久之，孩子们就知道应该怎样把钱花在刀口上，并且不小气。

他说，他的孩子从5岁开始就自己投资股票了。他教孩子们怎样进行股票投资，怎样进行基本面分析，并且从利率、行业、供给、公司面、时机选择等方面把握股市，让他们从股票盈利中获得成就感。5个孩子每人从中获得的年盈利介于200万至400万美元之间，这在我们看来简直就是一部部赚钱的机器。

接下来，让我们听听这位美国教育基金会会长的原话。他说："在美国，家庭培养孩子对钱的认识和理财能力都比较早，社会对孩子财商的基本要求是：3岁时能够辨认硬币和纸币；4岁时认识到我们无法把商品买光，必须在购买时作出选择；5岁时知道钱币的等价物，例如25美分可以打一次投币电话等，知道钱是怎么来的；6岁时能够找零；7岁时能够看懂价格标签；8岁时知道自己可以通过做额外工作赚钱，学会把钱存到储蓄账户里；9岁时能够简单制订一周的开销计划，购物时知道比较价格；10岁时懂得每周节省一点钱，以备有大笔开销时使用；11岁时知道从电视广告中发现有关花钱的事实；12岁时能够制订并执行两周的开支计划，懂得正确使用银行业务中的术语。美国人有一个共识：在诸多成功中，赚钱最能培养人的成就感和自信心，所以必须从小教孩子理财，培养他们的财商。"

财商教育是时代必须

时代发展到今天，财商教育显得越来越重要。这绝不是一句空话、套话，而是有着鲜明的时代背景。

2016年1月，在广东省教育厅推动中小学金融理财知识教育的背景下，我国第一次大型少儿财商教育活动在广东省江门市举行。参与该活动的人数多达856名，年龄分布在9～12岁，共分成18个班级，研学时间长达6天5夜。从该活动的火爆程度，就能感受到财商教育之必须和紧迫[1]。

大家知道，我国在总体上已经进入小康社会，相对富裕的家庭越来越多；再加上独生子女时代家庭消费的重点倾斜在孩子身上，许多家庭对孩子是有求必应，这种情况在前几代人中根本看不到。

就拿我来说，我们这样的人小时候兄弟姐妹很多，普通人家有三四个孩子，多的甚至有八九个。出生时正值20世纪五六十年代交替的"大饥荒"刚刚结束，稚嫩的心灵中纷纷留下了受冻、挨饿的记忆。

---

[1] 王瑞、刘昌：《国内首个近千人少儿财商教育研学营，轰动少儿教育界》，中国网2016年2月24日。

那时候几乎没有广播、电视,更没有广告,不像现在这样到处疯狂宣扬提前消费;每家每户日子都过得紧巴巴的,甚至只有过年时才能吃到一点荤腥,只有过生日才能吃上一枚鸡蛋。而现在,有的家庭在孩子还没出生时就给他买好了价值几千元的电动轿车,10岁时就带他周游世界,18岁时甚至还会送给他一辆私家车作为生日礼物。

时代在变,如果我们的教育方式不变,那就有刻舟求剑的味道。这也是许多父母感到苦恼的根源之一。

美国学者曾经针对电视台报道过的人物,在其中选择一部分进行长达两年的研究,着重分析他们面对突如其来的财富如彩票中大奖、巨额财产继承时,为什么有的人会安之若素、有的人则彻底疯狂,从而提出了"多少钱会毁掉一个孩子"的话题。最终结论是,这和个人对金钱的态度与财商高低有关。具体来说就是,和他们的金钱个性有关①。

中国的学校教育和家庭教育中,从来就严重缺乏财商教育的内容。在古代,教育是一种贵族活动,女孩学琴棋书画,男孩学舞刀弄剑,似乎这样组成家庭后就合成了"文武双全";而现在,教育成了一种规范化学习活动,主要侧重于智力培养。可是,仅仅是智力包括部分体力已经远远不能应对未来在家庭、社会责任方面的挑战。

在这样一个物质社会,虽说"钱不是万能的",但"没有钱是万万不能的";甚至,虽然你也有钱,并且还不少,可是如果比不上别人就会被人瞧不起。这就是现实。

如果孩子从小缺少财商教育,将来在个人和家庭的财富积累、运用方面就会是一条短腿。毕竟,是"经济基础"决定了"上层建筑"。

需要注意的是,财商教育并不是宣扬"金钱主义""拜金主义""物质至上",财商也并不就是指财富,而是指一种认识并驾驭财富运动规律的能力。

---

① 关于金钱个性,本书第三章有具体分析。

孩子如果具有较高的财商，虽然不能保证他能"大富大贵"，却可以证明他将来具备了合理安排个人和家庭财富、避免陷入财务困境的能力。父母希望孩子幸福，难道还有什么比这更重要的物质基础保障吗？

相反，如果一个孩子金钱至上，做什么都和钱挂钩；或者用钱大手大脚、盲目攀比；或者参加工作后由于缺少起码的理财本领，被沦为了"购物狂""月光族""啃老族""房奴""卡奴"等等，那就充分表明他们在财商方面不是存在空白，就是步入歧途，而这都与他们的父母直接相关。

财商教育空白，不用说是父母的疏忽和失职；财商教育步入歧途，也可能与父母对孩子的误导，以为一切都可以用钱来摆平、把金钱和财商混为一谈有关。

从理论上说，所谓财商，可以简单地理解为理财能力。由于家庭财富的升腾动力主要在投资，而投资的难度也最大，所以财商还可以简单地理解为投资收益能力。财商的英文是 Financial Quotient，简称 FQ。

财商包括观念、知识、行为三个层次。这里的观念，是指它对金钱、财富及其创造是怎样认识和理解的；知识，包括驾驭金钱运动能力方面的一切才能，尤其是财会知识、投资知识、法律知识等；行为，是指观念和知识在人与环境之间的协调和实施，也就是说怎样把这种观念和知识运用到实践中去。这三个方面是相互支持、互为补充的，从而构成一个完整的财商概念。

应该注意的是，财商教育应该和孩子的智力教育、道德教育相结合，符合他的年龄和认知规律，符合身心成长规律，并把它当作今后孩子自立于社会所必须掌握的基本技能来看待。

所以从这一点上看，我们的父母千万不要眼睛只盯着孩子的作业、学习、考试分数，而忽略了孩子将来走上社会后最重要的基本能力之一：怎样与金钱打交道。

要知道，既然自己过去从来没有接受过这方面的教育，那么就再也不能让孩子也错过了。

须知，在当今这样一个物质社会，孩子只有具备足够的财商，才能有望看到他将来过上幸福、富裕、体面、有尊严的生活。

母鸡式的爱孩子

前苏联大文豪高尔基（Максим Горький，1868—1936）曾经这样说过："爱护自己的孩子，这是母鸡也会做的事，但要教育好孩子就是一门艺术了。"

看看我们的周围，高尔基形容的这种"母鸡式的爱孩子"方式现在着实不少。或许，这就是我们的父母在教育孩子过程中困惑重重的原因？

我小时候生长在农村，鸡是每家每户必有的家禽，所以看惯了母鸡是怎样带孩子的：天冷的时候，母鸡会让小鸡簇拥在自己身旁，用体温给它们温暖和关怀；夜里的时候也是这样，以此来给它们壮胆、消除寂寞。白天活动时，会让它们紧跟在自己身后，至少在目光所及范围内，以防它们走失、溺水或被黄鼠狼叼走；看到有好吃的，会用咯咯咯的声音招呼大家。

母鸡就是用这种方式来爱孩子的，谈不上什么教育，所以它的进化很慢，几千年来几乎没有多少变化。人类进化速度虽然十分迅猛，但有一点类似，那就是在如何指导孩子财商教育上很相近，以至于在进入市场经济社会后，有太多的疑问得不到解决，这也是现在的父母最苦恼的地方。

有一次，我在朋友的办公室里不经意间谈到子女教育，朋友对此感慨万千。这位朋友是某国有大型企业总裁，典型的三口之家，女儿当时在读初中，和我儿子同龄。

和所有父母一样，他从小就教育女儿要好好读书，将来找个好工作，出国留学或出国就业都没问题。凭他的年薪收入和人脉关系，这完全是小事一桩。

但令他苦恼的是，女儿虽然冰雪聪明，也喜欢看书，却不重视考试，所以考试分数总不理想。她反驳父亲说："你现在工作中哪项知识是用到过去中学里所学的？"

朋友在单位里虽然一言九鼎，可是面对女儿，却像一个受尽委屈的孩子，理屈词穷，所以向我求助。在他眼里，我已经出版过几十本家庭教育著作，理所当然是"教育专家"了。

因为彼此有20多年的交情，所以我直言不讳地谈了一些我的观点。

在我看来，现在许多孩子之所以不重视学习、讨厌学习甚至想退学到社会上去闯荡一番，很重要的一条原因是，他们不像父母那样有危机感和恐惧感：他们看多了"快男""超女"等文艺明星和体育明星的速成，根本不担心将来踏上社会后会找不到一种"安全又有保障"的工作。尤其是像她这样生活在一个"官二代""富二代"家庭，更不用担心未来会有什么办不到。甚至她觉得，自己现在离开学校就能混得"很不错"。

父母当然可以认为他们"幼稚"、不了解"社会现实"，但这并不是孩子们的错。

一方面，我们的父母擅长于母鸡式的爱孩子，生活上给他们无微不至的关怀，学习上指点这指点那，所以，孩子从小就感到自己在成长道路上一帆风顺，今后也没什么可担心的；另一方面，他们从媒体上看到都是"速成"经验，各种各样的明星多是通过"投机取巧""包装""潜规则"就轻而易举地获得成功的。

毫无疑问，父母通常不认可这些；即使认可，嘴里发出的也只是同一个声音，那就是好好读书，将来考个好大学、找份好工作，其他的事待踏上社会后自然而然就知道了。

孩子们将来会无师自通吗？显然不是。父母的用意在于要他们一门心思放在学习上，心无旁骛。其他的事情都可以放一放，先提高学习成绩，否则在眼下的各类升学考试中就会竞争不过别人。

应该说，父母的这种良苦用心确实没错，可是却脱离了社会现实，并且从孩子将来立足社会的角度看，问题多多。

现在的父母当年考大学时，大学生是天之骄子，上大学不用花钱，而且还有各种津贴；毕业后就自动拥有"国家干部"身份，不用担心找工作，甚至不用担心找对象，还能分配到住房，职务晋升也可以按部就班。

而现在的大学生满眼都是，上大学不但收费昂贵，而且"毕业即失业"，专业对口的很少。要想找到满意的工作，比的不是成绩而是"爹"。不用说，孩子看到的"爹"已经定型，能做官的已经做官了、能发财的也已经发财了，虽然今后也会有变化，但这种变化通常不大。所以，他们大学尚未毕业时，就能大抵知道自己在"拼爹"游戏中的胜算如何。

请问，这完全不同的两种情形能够同日而语吗？

所以重要的是，父母不要过多地对孩子指手画脚，更重要的是引导、启发他们，而不是"命令"他们好好读书。

关于这一点，我觉得倒是可以学学"母鸡的教育艺术"——当小鸡长到绒毛齐时，母鸡就让它们一个个单飞，很少看到母鸡再在一旁对小鸡倚老卖老、指手画脚，动不动就说"我是你爹、我是你妈"，你"这也不行、那也不能"的。

说得更具体一点就是，孩子的成长就是父母逐步后退的过程，而不是从小到大始终把他们紧紧攥在手里。

如果孩子的点点滴滴都要按照父母的设想来安排，那么直到大学毕业依然不具备自立能力。因为从小到大，他们一直都由父母领路，不需要抬头看路，在后面跟着走就行；所以，等到他大学毕业后，突然发现前面是交叉路口，可是却没有领路人，就不知道下一步该怎么走了。接下来你会发现，有许多人会在丛林里绕圈子；实在走投无路了，就继续退回到老路上去，希望能从中得到启发、继续寻找走出"沙漠"的方向。

怎么办？很简单，那就是父母在对孩子强调学习重要性的同时，更应该培养他们的学习能力和社会适应能力。当孩子还在"丛林中"的时候，就要放手让他们自己在前面辨别方向、寻找道路，为将来顺利走出"沙漠"积累知识和经验。在这其中，理财能力的培养是应有之义。

可以说，现在社会上有太多的人一辈子待在同一个单位里，一旦领导对自己不像原来那么重视、收入待遇没有原来那么好、职务多年没有得到升迁，就会自怨自艾、自暴自弃，委曲求全甚至苟且偷生，不敢有任何跳槽的念头，直到单位倒闭或自己黯然离场。和他们言谈之间，你总是听到他们在追忆过去的美好时光或所谓的成功，根本看不到未来有什么新希望。

这就和父母当年对他们的教育缺失有关了。

面对急剧变化的社会现实，现在的父母比过去更需教育智慧，而这正是他们感到迷茫的地方。当你叮嘱孩子要"好好读书"时，孩子却说"我最好是每天在家里玩玩，不要读书"，这时候任何的批评、打骂都无济于事，重要的是沟通。虽然这种沟通很不容易，也很难预料效果，但你必须这样做，而且必须从孩子的角度看问题，才能真正找到问题的答案。

绝不要让孩子以为他们只有读书这条唯一的出路。时间退到二四十年以前，倒是有一句"只有老老实实接受改造、重新做人才是唯一出路"的话，但那是针对"地富反坏右"的。孩子不是敌人，而是祖国的未来，只有当他们感到"条条大路通罗马"时，才会激发起旺盛的斗志，从而对前途充满希望，继而迸发出巨大的学习热情来。

"死读书"和"读书死"

在我们周围，有许多被称为"死读书"的人。意思是说，他们因为"读书"而被书"读死"了。读书本来是一件赏心悦目的事，怎么会被"读死"呢？这既让人感到悲哀，又让人觉得无奈，但这却是千真万确的事。

这就是说，在学校里读书聪明的孩子，将来踏上社会后生活未必过得幸福。这不是读书不好，而要看整个社会是要求他"死读书"还是"活读书"。

在现代社会中，教育的重要性不言而喻。可是一旦上升到课堂教育，就并不是适合所有孩子，充其量只适合一部分孩子的学习特点（一般认为这个比例只有30%）。

"教育"（education）一词最早源自拉丁文"educare"，意思是"抽出"。问题就出在这里——当教育还没有成为一种职业时，我们的孩子认识事物是全面的、整体的。想当初孔子时代的所谓教育，说穿了就是带孩子们出去郊游，然后在草地上做做游戏、讲讲故事而已。

可是当教育成为一种职业，尤其是把整体的知识一个个"抽"出来分成不同学科、无数概念教给孩子时，孩子就像瞎子摸象，从此就怎么也看不到全象了。这是许多孩子不知道为什么要学习、越学越"笨"的原因之一。当然，这也是教育的悲哀。

举个例子：如果一篇优美的散文会让人百读不厌、越读越有味、越读越觉得优美的话，到了语文课上后，老师则会从各个不同角度来对它进行解剖，从而让孩子感到不解和厌倦。这就是所谓正规的"教学"。

就好比说：现在站在你面前的一位漂亮的车模，她怎么看怎么美，哪里看哪里美，五官端正、凹凸有致、皮肤白皙，全身上下没有一点色斑。

可是现在的教材和语文老师，不仅仅告诉你这些，更会把重点放在一层层解剖开来指给你看：你看这是她的胃，怎么怎么的（怕发胖，吃得少，已经有点胃下垂）；这是她的肠，怎么怎么的（成年累月熬夜，里面的宿便是不是太多了）；这是她的子宫，怎么怎么的（以后发生子宫肌瘤病变的可能性很大），等等。面对着这一幕幕血腥，孩子不但美感全无，而且令人作呕。许多孩子就这样活生生地被夺走阅读兴趣，对读书变得反感（胃）起来。

如果仅仅是这样，还算是好的了，因为你多少能从这种教育中学到一点（医学）东西；现在的问题是，所谓的学习就是要有一个好成绩，而所谓的好成绩就是考试要有个好分数，而要获得所谓的好分数已经到了可以不择手段的地步——不考的内容不教、不学，要考的内容拼命灌、拼命练，考试之前猜题、押宝、烧香，考试中学校、学生、监考老师、教育主管部门一条龙联合作弊……

几乎在所有人眼里，"教育"已经成为"考试""分数"的同义语，与联合国教科文组织1986年提出的教育的"四大支柱"（四大目标）——学会求知、学会做事、学会合作、学会生存和发展——背道而驰。

所以你能看到，在学校里读书聪明（考试分数高）的孩子趾高气扬，听到的全是赞扬声，认为他们将来必定前途无量。在这样的氛围中，他们一鼓作气，从小学、中学、大学，甚至读到研究生、博士，终于成了"职业"学生。可结果怎么样呢？踏上社会后，他们什么东西都不懂。现实生活需要各种各样的技能，而他们却只有一种，那就是读书。而且，是那种瞎子摸象式的读书，从来就是"窥一斑而见全豹"；至于真的"全豹"是不是这样子，他们心里谁也没底，因为根本就没有看到过。

不用说，在这个过程中，沿途都有许许多多孩子被刷下来、脱离这个队伍，被贴上"不爱读书"或"读书不好"的标签，从而过早地融入社会。

这正应了一句古话："塞翁失马，焉知非福"——他们失去的是继续"教育"的机会，而得到的却是社会这个大课堂零距离的锤炼，平时在学校里受压抑的其他各项技能得到迅猛发展，从而成为一群"活读书""读书活"的人。

所以，我们的父母重视孩子的学校教育并没有错，但学校教育绝不等同于考试、分数，更不是唯一，这更没有错。

放开眼界看，孩子将来踏上社会后的成功包括职业和财务两方面。在学校里，最主要的当然是学习，这是为他们将来的职业做准备；可是踏上社会后，最重要的就是财务了。

换句话说，每个孩子的成功都可以分为学习、职业、财务三方面。其中，学习是基础，职业、财务是目标，这三个方面有联系，但没有必然联系，更不是浑然一体。

说得更简单一点就是，孩子在基础阶段（小学、中学、大学）的学习究竟是否成功，最终要靠职业成功、财务自由来加以检验；显而易见，"活读书""读活书"的孩子更容易取得成功，因为这种"活"中必不可少地包括"学会生存和发展"的财商教育。

近富者富，近穷者穷

俗话说："近朱者赤，近墨者黑。"意思是说，环境对一个人的影响非常大，你在这个环境里浸淫时间久了，慢慢地就会被同化，变成另一个"你"。

根据这一原理，我们同样可以说"近富者富，近穷者穷。"意思是说，一个人如果和富人打交道时间长了，慢慢地就会受到这个富人的心态、思想、交际圈、生意经的影响，从而改变原有的思维方式，逐步走向富裕；相反，如果你整天和穷人在一起，"贫贱夫妻百事哀"，慢慢地就会接受这个穷人的思想、朋友圈、得过且过的生活态度，从而把自己的思维也逐步限制在一个狭小范围内，固守贫穷。

从这一点上看，如果你本来就是一个"富人"，你的周围有一个富人圈，那么这种环境对培养孩子的财商会有潜移默化的帮助；相反，如果你是一个"穷人"，你的周围也都是"穷亲戚"，如果有条件的话，应当让孩子多多和上面所说的这些"富人圈"接触，让他从小接受到不同的思维方式。从这个角度看，"穷孩子"和"富孩子"差的不只是钱，主要是心态和环境。

例如，富人家的孩子不缺钱，所以心态必定好，许多事情都抱着一种"无所谓"的态度，毕业后可以按照自己的兴趣而不是收入选择职业；相反，穷人家的孩子最缺的是钱，所以要拼命读书上好学校、找好工作。在他们的眼里，好工作的首要标准是收入高，哪怕月收入高出三四百元也会感动得不行，根本无暇顾及专业对口和个人兴趣。

富人家的孩子抗风险能力强，敢于自主创业，反正创业失败了也没关系，不但亏得起，而且有父母的人脉关系在，东山再起很容易，即使找份安稳而高薪的工作也易如反掌，甚至可以随便挑，许多"90后"创业明星就是在这种无后顾之忧下诞生的。他们看问题眼界开阔，一旦混得不好会更多地从自身找原因，这样也就加快了下一个成功机会的来临。

而穷人家的孩子，他们不具备这些家庭资源，找不到好工作，自主创业连启动资金也凑不齐，更承担不了失败的风险。所以，他们多数持赚"死工资"的刻板思维，哪怕收入再低也要找个相对安稳的工作。一旦混得不好，他们常常会抱怨社会和家庭，因为经不起挫折，所以他们越来越穷。

有句话是这样说的：富人家的孩子站在"巨人"的肩膀上，穷人家的孩子站在"柴火堆"上，这基础和高度显然不能相提并论。这时候，穷人家的孩子最重要的是提升实力、开阔眼界、学习富人的思维方式[①]。

遗憾的是，我国自古以来就有"绸不搭布、穷不搭富"的说法。穷人家的孩子要想和富人家的孩子打成一片，殊不容易。

一方面，富人不愿意和穷人打交道，认为这些"穷鬼""人穷志短"，在居住、出行、活动、饮食、烟酒、娱乐等方面和自己不是"一个档次"，所以看不起对方。另一方面，穷人也不愿意和富人打交道，认为这些富人"为富不仁"，富得"只剩下钱"，所以"你走你的阳光道，我走我的独木桥"。

不用说，这两种观点都不无偏颇，又都非常现实。尤其是这些年社会贫富差距逐渐拉大，城市住宅区中"别墅区"和"贫民区"非常刺眼。一些地方政府在

---

① 任淑一：《富孩子穷孩子，差的真不是钱》，搜狐网2015年11月4日。

建造住宅时虽然刻意把两者硬是插在一起,以促进交流、融通,可是赶鸭子上架谈何容易?

所以经常能看到,在不同的家族中往往存在着"一人得道、鸡犬升天"的现象,富则一窝蜂,穷则一大片。同一户人家如果有几位女儿,所嫁的夫君也存在着类比现象,要么都是升官发财的,"一个更比一个强";要么都是普通工薪族,"一蟹不如一蟹"。这种现象实在令社会学家们深省。

在这里,原因虽然多种多样,但有一点很明确:那就是"近富者富、近穷者穷"——生活在同一环境下的人,会有相同的思维方式和追求。这就是俗话所说的"物以类聚、人以群分","不是一家人、不进一家门"。这也是近年来家庭教育中频繁出现"富养女、穷养儿"的观点写照。

为了克服这一点,首先,父母可以让孩子写下 6 个与他相处时间最长的人的名单,根据相处时间长短排序①;其次,依次分析这些人的社会地位、个人成就、贫富差别、成长经历、思维方式,从财商角度看对孩子是否属于理想的交往对象;最后,根据"近富者富、近穷者穷"原则,调整、补充孩子的交往对象名单,优化孩子的交往结构。

需要指出的是,"近富者富、近穷者穷"并不意味着"欺贫爱富",更不表示"六亲不认"。

有道是:"儿不嫌母丑、狗不嫌家贫②。"人的血缘关系无法选择,所以无论你的亲戚朋友经济状况如何,都不应该嫌弃他们,相反还应给他们以更多的关爱和帮助。可是,出身贫贱、拥有一大帮穷亲戚,也不是阻隔你和富人打交道的理由。

---

① 注意,这里的依据是相处时间长短而不是关系好坏。相处时间长,意味着对他的影响力也大。
② 狗最忠于主人,它不会因为家贫就离开主人。而猫就不同了,有人给它好吃的,它就会外出解解馋,过个几天再回来。狗被人类驯化的历史已有 3 万年,所以更"孝顺";猫的驯化史只有 9 500 年,显得有些"少"不更事。

就好比说，如果你想攀登珠穆朗玛峰，很重要的一点是要向已经攀登过珠穆朗玛峰的人请教，而不是向那些整天在山脚下放牛、从来没有到过半山腰的人打听。前者是过来人，他们的经验、体会非常值得你借鉴；而后者从来没有登过珠穆朗玛峰，很难给你有切合实际的参考，说不定还会认为你这登山是"吃饱了撑的"，从而打消你登山的念头。

如果把珠穆朗玛峰比作财富高峰，道理是一样的。

学会像富人那样思考

富人为什么富，各有各的理由。这些理由在穷人看来有些是"运气"，有些是"必然"；有的"可以学"，有的"学不来"；有的"很简单"，有的则"很好笑"或者"很罪恶"。在这其中，最重要的一点是：富人的思维方式和穷人往往不一样。

例如，一个只拿死工资的小职员，整天想的是上班不迟到、中途不溜号、下班不早退、工资不少拿，得过且过。他绝不会知道厂长脑子里考虑的问题是什么？当然，我也不知道。但我知道的是，厂长考虑的问题肯定和他不一样。

所以说，财商教育很重要的一点，就是要让孩子学会像富人那样思考。只有思想上有了"共鸣"，才会走向富裕。

现在有种说法是："再穷也要站在富人堆里"。其实，即使这样也只能表明你离富人的物理距离近了，不表明你也能用富人的思维方式来考虑问题，而这是更重要的。前者是拥有富人的"人"，后者才是拥有富人的"心"。

在日本横滨市，有一个叫山下龟三郎的人，经营着一家非常不景气的煤炭店。而这时候神户新开了一家经营煤炭的福松商会，老板是一位少年得志的松永左惠盟。

如果你是他的家人，这时候很可能会建议他把这个店关掉，改做别的，或者干脆到哪里去找一份工作，安安稳稳地拿工资，收入低一点也没关系，反正家里人养得起你。

可贵的是，山下龟三郎毕竟是个老板，和你的想法不一样。如果真的是你这种小职员思维，他就"死"定了！

山下龟三郎打听到，松永左惠盟开办福松商会的投资是从他父亲的朋友福泽桃介借来的，而山下龟三郎认识福泽桃介一个名叫秋元的部下。于是，山下龟三郎找到秋元，恳请他能给松永左惠盟写一封引荐信。

接下来，山下龟三郎把这个不景气的煤炭店做抵押，向银行贷了一笔款，然后全部换成现金带在身上，出差住在神户最有名的一家豪华饭店。在饭店里，山下龟三郎写了张便条，请饭店服务生帮忙送给松永左惠盟。信中他简单介绍一下自己的身份和来龙去脉，盼松永左惠盟来酒店一聚。

当天晚上，山下龟三郎谦恭有礼地款待了松永左惠盟，让年轻气盛的他志满意得。正当喝得高兴时，山下龟三郎"轻描淡写"地说，有家规模相当大的煤炭店，老板是我的老朋友，如果您相信我，我可以介绍把您的煤炭卖给他，对方一定会看我的面子，不会不买账的；而您呢，也一定会从中赚钱，赚的钱全都是您的，您只要给我一点辛苦费就行啦。

正当松永左惠盟准备开口之际，山下龟三郎叫来服务员，要她代买一点当地的土特产。

其实，这是山下龟三郎的虚晃一枪。买土特产是假，真正意图是要当着松永左惠盟的面拉开随身携带的提包，让对方看到这满满的一皮包现金，觉得自己有实力。当然，山下龟三郎也不忘"随意"地从中抽出一张，作为服务员的小费。他那个心疼啊就别提了，但关键是要达到效果。

松永左惠盟本来对这第一次见面的朋友心存疑惑，这时看到对方"果然是个大老板"，于是当机立断地答应了山下龟三郎的建议，随后就签订了业务合同。

从此以后，山下龟三郎没费一分钱（实际上，负债累累的他也已经没钱继续投入经营了），就源源不断地从福松商会那里赊得煤炭，然后转卖给别人，从中大获其利。

虽然他得到的佣金比例并不高，可是要知道，煤炭经营的数量特别大，并且交易量稳定，而他又不需要投入资金（没有资金成本和风险），所以这种居间收入非常可观。

在这里，山下龟三郎成功的关键在于头脑活络，具体来说就是他的思维方式帮了忙，这也是他财商高的外在表现。

如果从理论上总结的话，山下龟三郎是利用一封有影响力的介绍信，加上自己的礼貌态度，恰到好处地展示了自身实力，巧妙掩盖了自己没有任何实力做生意的缺点，利用对方的认识盲区诱导虚断，从而取得了成功，从此老板越做越大。

进一步说，富人的思维方式就是寻找一切机会、主动创造机会、不断开创事业，而不是被动地听天由命。

人人向往财务自由

财商教育的终极目标是财务自由，财务自由是人人向往的境界。如果没有财务自由，你就不会有真正的自由。

宋朝的司马光（1019—1086）是朝中大臣，他对刚刚进入朝廷、前来拜访他的官员必定会问同一个问题：你家里有没有钱、开支够不够用、家里欠不欠别人的钱？遇到这样的隐私，对方往往觉得难堪，不知该怎么回答。实际上，司马光是在考察对方会不会"为五斗米折腰"，到时候敢不敢为自己的原则而放弃乌纱。

所谓财务自由，是指你的被动收入大于开销。换句话说就是，你从此不工作或者失去了工作，也不愁没有收入来源。因为你从其他渠道能够得到稳定而正当的收入，满足一切开销。

财务自由并不是说你一定要有多少钱，而是你即使患病或不能工作了，也可以过得很舒适。等到你去世的时候，你留给家人的财富会超过你原来拥有的数目。

实现财务自由的基本途径有两条：一是巨额遗产或意外中奖；二是实现从穷人思维到富人思维的转变，完美理财。

据美国一位分析家的研究，挣到100万美元的各种概率是：拥有一家小企业，概率千分之一；在一家网络上市公司工作，概率万分之一；每个月存800美元，连存30年，概率万分之十五；比赛得奖，概率400万分之一；赌场赌博，概率600万分之一；彩票中奖，概率1 200万分之一；继承100万美元以上的遗产，概率1 200万分之一。

容易看出，彩票中奖和财产继承的概率都非常小，可遇而不可求。美国发布的研究报告是，1996年至2015年间财产超过10亿美元的富豪中，中国的继承型富豪比例只有2%，日本18.5%，欧洲25国35.8%，韩国74.1%，全球平均30.4%[1]。从总体上看，与继承型富豪相对的白手起家型富豪比例呈逐年上升趋势。这也再次印证了通过自主创业、拥有一家小企业，然后把它作为财富孵化机，促使尽快走上富裕之路的选择更稳妥。

换句话说就是，父母如果能注重提高孩子的财商，让他们懂得如何依靠自己的财务能力，就最有可能通过多年的积累达到不需要工作就有经济来源的财务自由境界。

从现实看，许多人的财商是在踏上工作岗位后慢慢得到熏陶和悟出来的。不用说，这时候开始财商启蒙，虽然也有用，但已为时晚矣。

---

[1] 查希：《美报告：中国2%顶级富豪为继承型，韩国多达74%》，载《环球时报》2016年3月15日。

就像你的孩子本来是具有钢琴家天赋的，可是由于你的疏忽大意或不懂，早已错过最佳培育时机，直到 27 岁时才开始学弹钢琴一样，这是非常可惜的。

这也是为什么我们周围有那么多人不善于挣钱、不善于花钱、也不善于管理钱，以至于总要为金钱烦恼，甚至陷入其中不能自拔的原因：这是因为财商启蒙得太晚了。

从小对孩子进行财商教育的重要性显而易见。

以最简单的银行储蓄为例。银行储蓄有一个规律，那就是同样数额的钱，越早存入，所得越多。

例如同样是 1 万元，一个是从孩子 7 岁上小学时开始存，一个是 13 岁上初中时开始存，同样都是到他 26 岁结婚时取出，所得本息将会有巨大差别。

财商教育也是这样。别的父母如果在孩子 7 岁时就让他知道投资理财的重要性，那么他就会在以后的人生道路中更早懂得如何量入为出、勤俭节约、投资理财，使得自己的财富像雪球一样越滚越大；而你的孩子呢，由于你从来没有对他进行过这方面的引导和熏陶，而是让他"无师自通"，直到参加工作后才"摸着石头过河"，有时候根本就是摸来摸去怎么摸也摸不到"石头"，不用说，两者之间在赚钱、花钱、管钱方面会造成多大的差异了，由此很可能会改变孩子一生的前途和命运。

那么，怎样才能及早让孩子受到这方面的熏陶呢？归纳起来，主要有以下几点要求：

（1）和孩子一起讨论，帮助他制定人生财务目标和规划。目标一定要远大，这样才能激励孩子的积极性和创造性。

（2）财务目标一旦确定，就要让孩子学会像富人一样思考。而要做到这一点，父母应当为孩子做榜样，启发、引导。

（3）教给孩子必要的投资理财知识，尤其是经营管理、财务会计知识，这对孩子的一生都会有帮助。许多成年人不敢投资，觉得风险太大，实际上就是因为缺乏这方面知识的缘故。

（4）学会区别"资产"和"负债"，尽可能把"负债"转变为"资产"，然后让"资产"源源不断地创造投资收入和被动收入。这一点本书后面会反复提到。

（5）强调创建一份事业的重要性。创建自己的事业，是上面所提到的诸条成为百万富翁途径中的一条捷径。

（6）不必过于强调孩子将来一定要"找"个好工作。如果你是为别人打工，哪怕再好的工作，都可能一辈子摆脱不了财务问题；尤其是一旦失去工作，很可能会变得一无所有。

（7）关心"资产"比关心收入为重。富人考虑得更多是"资产"，穷人考虑得更多是"收入"，不同的思维方式是造成贫富差别悬殊的主要原因之一。

（8）学会区分良性债务和不良债务。真正需要控制的是不良债务而不是良性债务，良性债务就像一只会下蛋的老母鸡，能够给你借鸡生蛋。

（9）要让孩子有实践、锻炼的机会，不要怕犯错。年轻没有失败。只有在实际锤打中，才可能学到真本领。给他一笔你可以承受失败的钱，即使这笔钱全部亏了也绝不会影响全家的正常生活，让孩子拿去进行理财实践，这比说空话要有帮助得多。

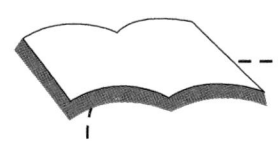

第二章

怎样对孩子谈钱

对孩子谈钱,主要是灌输一种观念,即"钱不是万能的,没有钱是万万不能的"。钱是一种客观存在,任何人回避不了。帮助孩子及早摆正金钱的位置,有助于最终的事业成功。

人生的交通工具多种多样

提到交通工具，大家都明白这是指什么。飞机、火车、地铁、轮船、汽车、摩托车、电动车、自行车、步行①甚至宇宙飞船等等都是交通工具。交通工具还可以细分为各种小类，如汽车可以分为大客车、公共汽车、公车（官车）②、私家车、出租车等。

不用说，各种交通工具都有它特定的用途，虽然有时可以相互替代，但绝不能否认它各自的长处，否则它也就没有了存在的必要，我们也就没有进行这种分类的必要了。

人生也是这样。人生也有交通工具，这就是职业，或者称谋生手段。不同的职业就是人生不同的交通工具。每个人通过自己的职业获取经济收入，维持个人、家庭的简单再生产和扩大再生产。

但正如上面提到的各种交通工具一样，人生的职业也是多种多样。如果把在一个"正规"单位上班、有一个相对稳定的工作，比作是飞机、火车、地铁、轮船、公共汽车等大型公共交通工具的话；那么，一个相对不稳定或根本就不稳定的职业，同样也是交通工具，比如舢板、热气球等。

父母要对孩子说明的是，不能只看交通工具的外表，更要讲求其实质；而即使其外表，也不能凭空想象，要根据每个人的出行目的、出发点和目的地而论。

---

① 过去戏称步行是"11路公共汽车"。"11"象征着人的两条腿。
② 公车是指公家车，或称公务车，但不是公共汽车的简称。公共汽车是过去公共马车时代的跑车（不是现在的跑车概念）。这里的公是与私相对而言的。公车象征着乘坐者的官衔、地位、特权。

比如骑自行车和开小轿车相比，几乎在所有人眼里，骑自行车的是"穷人"，条件艰苦，尤其是遇到刮风下雨下雪天，出行更困难；而开小轿车不但舒适、快捷、方便，而且更有派头、有面子，自我感觉也是"有钱人"。

然而，即使这种观点是社会流俗，也不能一概而论。

比如在路途不远、天气晴好、道路狭窄、交通堵塞严重、事情不很着急的时候，骑自行车出行恐怕就远远要比开小轿车更自由。

这里不提"低碳""环保"等大道理，单说休息日骑一辆自行车去郊外旅行，可以随时随地停车取景，这种惬意感觉就不是坐在封闭的小轿车里能相提并论的。

财商也是这样。每个孩子都有各自的特点，千万不要追随一种"不能输在起跑线上"的流行观点，从幼儿园开始就把孩子逼向同一种"交通工具"——进不了好的幼儿园就上不了好的小学，上不了好的小学就读不了好的初中，读不了好的初中就考不上好的高中①，考不上好的高中就上不了重点大学，上不了重点大学就当不上公务员……

如果说，这确是一条"成才之路"，你也只不过是为孩子选择了一种类似于出行乘坐公共汽车的方式，没有考虑到骑摩托车、电动车、自行车甚至三轮车，更不用说步行了，不但同样能到达目的地，而且可能比坐公共汽车速度更快（堵车可能性小，可以裁弯取直），更自由自在（可以从公交身旁擦身而过，一路风景看过去），更舒适（起码有得坐，不至于坐公共汽车没座位，要一路站到底）。

即使是我国的公务员职业，收入高且稳定，但从全球范围看，充其量也不过是一辆小轿车。路况好时车速可以很快，但路况差时一样会慢下来，直至围困在其中。而且，这个职业不需要（或者说不允许）你有思想，所以在国外被形象化地称之为"愚人的乐园"，就是这个道理。

---

① 现在各地每年会有50%左右的初中毕业生分流到职高、中专、技校去，以保证蓝领工人的来源。所以，高考压力已经前移到中考上来。换句话说，现在考高中（普通高中）比考大学的竞争更激烈。

显而易见，为孩子选择最合适的人生交通工具的难点在于，首先父母要克服自己盲目与人攀比的心理，其次是要帮助孩子克服同样的心理，这可谓是难上加难。

同样显而易见的是，每个孩子都有他的性格特点、家庭背景、兴趣爱好，父母有责任帮助孩子进行人生规划、选择最合适的人生交通工具。

而在这个过程中，就离不开财商教育。财商决定着职业选择，这种人生交通工具应该是量身定做的，不必非得与别人一样。"懒得走路"，人生的乐趣也就少了一大半。

观念比钱多钱少更重要

财商教育离不开谈钱，但父母应当明确告诉孩子，树立一种正确的金钱观，比钱多钱少更重要。

观念是一种思想，思想是行动的指南。换句话说，如果孩子对钱没有一个正确认识，财商教育就是一句空话。

我的一位同学从省级机关派到某贫困县，挂职担任扶贫副县长。说穿了，就是利用他所在省级机关的影响力，以及他的个人资源，为这个县找项目、找资金。

春节回家后相遇，他邀请我有空到他那里去看看，他可以派车来接我。我好奇地问，"你在那里每天都忙些什么呢？"他说："从早到晚都是接待，接待了这一拨再接待下一拨，平均每顿饭要赶两三个酒席，所以一肚子'坏水'（酒）。只有每天早上在家里吃泡饭时，才知道自己过的是人的生活。"

我说："那算了，我最讨厌这种没完没了的喝酒了。"

他长叹一声说："本来说好蹲点一年就回去的，现在看来两三年都没希望喽。

因为扶贫'不见效果'。"

仔细了解后才知道，当地由于长期贫困，早就养成一种"等、靠、要"的懒惰思维。一方面，认为没钱什么事情都办不起来，所以必须有钱；另一方面，真当扶贫款到了以后却纷纷挪作他用，说穿了主要还是用于吃喝招待、还旧账，真正用于造血功能的几乎没有。所以说，这种情况下无论你投下多少钱，都只是冒个气泡就倏地不见了。

例如，当地人最常说的是："俺们穷，这样太麻烦，不如直接给我们钱算了"、"俺们可亏不起，你能保证俺们赚钱吗"、"俺们这地方可不比你们江南，什么工业也没有，要什么没什么，你叫俺们怎么办"、"不要说现在，就是再过100年，俺看这鬼地方也富不起来"……真正的人穷志短，你拨一拨他动一动，真的是很累很累。

相反，在富裕的苏南地区，新中国成立前几乎每个县都是"模范县"。陈西滢说自己的家乡无锡县（今天的无锡市）是中国模范县，还因此遭到鲁迅的热潮冷讽①。

而模范县的来历，实际上就在于当地经济发达，人的财商普遍高，在发展经济方面"有条件要上，没有条件创造条件也要上。"以至于苏南地区不但经济富裕，而且贫富差别很小，在新中国成立后的"土地改革"中，还曾一度因为找不出令人痛恨的"地主"公敌而苦恼②。

一个地区是这样，一个家庭也是如此。所以，在对孩子谈钱的问题时，父母千万不要说泄气话，例如"我们家里穷，不能和人家比"、"爸爸妈妈这辈子就这样了，永远不可能发财的，今后全指靠你了"、"不是每个人都有钱的"、"我对钱

---

① 陈西滢（1896—1970），原名陈源，江苏无锡人，留英博士，北京大学外文系教授。鲁迅（1881—1936），原名周树人，浙江绍兴人，北京大学讲师。因"女师大风潮"和讥讽抄袭，两人发生过一系列激烈的笔战。
②《1949年以来的江苏发展》，载《江苏城市论坛》2009年10月12日。

不感兴趣，我们家能吃饱肚子就行啦"等等。

这些话哪怕再实事求是，也会让孩子看不到希望，禁锢孩子想方设法改变贫穷落后面貌的思想。显然，人穷志不穷、让孩子看到希望是最重要的。

就像我们对孩子讨论学习时一样，如果你只是说"这个问题你不需要搞懂，你一辈子都搞不懂"、"不会就算了，世界上的题目你不可能都会"、"你怎么这么笨啊，算了算了"等等，如果这样对待孩子，孩子就不会有钻研精神。久而久之，学习成绩当然就会往下掉了。

正确的做法是以鼓励、探究、启发式态度让孩子树立信心。

例如在谈学习时，你可以说"想想看，这个问题和我们上次说的哪个问题有点相似？""用这个办法不行，我们看看有没有其他办法可以做出来？""你现在的问题主要是什么什么，这方面再加把劲就行了"等等。

在培养孩子的财商时，具体可以和孩子一起启发式地进行探讨："我们现在的家庭条件还达不到，以后总会有办法的"、"我相信，只要我们努力，将来也会住上别墅的"、"我们现在还不准备买汽车。把钱投在其他地方虽然会有风险，但这种风险我们承受得起，一旦成功，回报率极高"……

不用说，父母经常对孩子进行这样的交流，孩子无论在学习还是理财方面就会开动小脑筋，这就非常有助于锻炼他动脑。久而久之，财商就会慢慢得到提高。

当然，观念的转变是一个漫长过程；可是反过来，某种正确的观念一旦建立起来，也同样不会轻易被改变。所以完全可以说，正确的观念对孩子的一生都很重要。

如果你也劝导过别人，就会有这样的体会——当你和富人谈生意经时会觉得很轻松，一点就通，因为他们在这方面有足够的经历和悟道；相反，如果你和穷人谈生意经，就会很吃力，他总是会强调一大堆困难：没有资金，缺乏经验，承担不起失败的风险，老婆不同意，市场不好把握，等等。实际情况是不是这样呢？不知道，但有一点很明确，那就是他主观上不想做。

就好像你和孩子谈学习一样。你和成绩好的孩子谈作业，你和他都会觉得很轻松，因为他不但早就把作业做好了，而且还会在交谈中举一反三，找出其他的解题思路来；相反，你和成绩差的孩子谈作业，就会感觉到很累，这也不会做，那也忘记了，最终卡在某一步甚至第一步，冥思苦想就是做不出来，一两个小时过去了，还是做不下去。更要命的是，做不出来的并不是难题，而是错在最基本的地方，甚至是常识。

这样的结果虽然与实际解题能力有关，但也与先天观念不无联系：前者认为，我是个好学生，所以我相信自己一定能把它做出来，结果真的就做出来了；而后者认为，我本来就是个"差生"，这个题目就是因为不会做所以搁置到现在，"这样难"的题目能做出来才怪呢，所以觉得自己做不出来反倒是"正常"的。

你看看，他首先禁锢了自己的思想，还没有开战就已经先"投降"了，这就是一种丧气观念在作怪。

体会货币的交换功能

许多孩子会问：人为什么要有钱呢？这个问题问得好，实际上它引出了一个货币存在价值的话题。

在货币的诸多功能中，首当其冲的是交换媒介。对孩子说明这一点非常重要，这甚至会影响到他的一生。

人类最早是不需要用钱的，因为当时的物质产品奇缺，"市场"上既没有什么东西可买，也没有什么东西可卖，一切都要自力更生。要吃菜，就自己去种；想吃肉，就亲自上山打猎。如果种不出来，或打猎没有收获，就只能饿肚皮。后来这些物质慢慢地有了积余，自己用不掉了，想要与别人进行交换，这样才出现市场，出现了用来交换的"钱"。

父母要让孩子知道，交换是商品社会的永恒法则。如果你想得到钱，你就要用自己的东西去进行交换，这种东西可以是商品、作品等有形物品，也可以是劳动、时间等无形物品，总之是你要付出才能得到回报。贪官污吏就是因为自己没有付出就得到大笔回报，所以构成了犯罪。

推而广之，你如果要从父母、其他长辈、社会上获得某种东西，你都要有相应的付出。因为你现在还是个孩子，所以你只能付出与你这个年龄、身份相符的劳动，如卖报纸、洗袜子、洗碗等。随着年龄的增长，你所付出的劳动范围也在不断扩大，但不付出就想得到绝对不行，因为这不符合"交换"法则。

从这个角度看，父母从小培养孩子的劳动习惯，无论对财商教育还是动手能力都是有好处的。只不过，绝大多数人在这个过程中并没有把货币的交换职能融合进去。以至于这些孩子认为："我是家里的宝贝，这个家庭中最好吃、最好穿、最好用的东西理所应当首先满足我"，这就走向了歧途。这就难怪他们将来踏上社会后，学会的首先是享受，而不是赚钱的本领，也不是管理个人财富的经验。

货币的交换功能，能够引导孩子更多地付出。要让孩子知道，他只有付出更多，才能得到更多的钱；然后用这些钱去交换他所需要的东西。如果他不肯付出，或者不懂得怎样科学地去付出，就不可能也不应该得到太多的钱，最终只能大大压缩他的交换品种和交换数量，造成生活质量的下降。

从这个角度看，钱（确切地说是巨富或致富）就像是挂在牲口头上的一咎嫩草。你想吃这咎嫩草，就必须不断地往前走；而你越是往前走，这咎悬在你头上的嫩草也会不断地同步向前，并且晃来晃去的，诱使你不断向前、永不停步。

许多人活得太累，以至于到死都没有吃到这咎嫩草，原因就在于他们的一生都被钱牵着鼻子走（还记得俗话所说的"人为财死"吗），不懂或者不善于反过来利用钱为自己创造财富和自由。如果是后者，本该可以活得很轻松。

结合上面"一咎嫩草"的话题，这又和每个人的付出观念有关。如果把一咎嫩草理解为致富，那么显而易见的是"天涯处处有芳草"，你跑的地方越多（服务的人越多），得到的"嫩草"就可能越多。现在的问题是，在绝大多数人眼里，似乎都认为这"一咎嫩草"别的地方没有，只有你这个地方（工作单位或从事的行业）才有。

从这个角度看，父母总是告诫孩子现在要好好读书，将来考个好大学、找个好工作，实际上就是告诉孩子，你的这咎"嫩草"就在你未来的这个单位里。

这样问题就来了。孩子除了找工作之外的其他本领都通通被忽略掉了，专攻这一项。结果，有的如愿以偿找到了心目中的好单位，大多数人只能勉强凑合，甚至不得不就这样一辈子迁就下去，终身郁郁寡欢。

而那些找到了这咎"嫩草"的人，则寄希望于这咎"嫩草"能够永葆青春，一直这样"嫩"下去，至少要"嫩"到"我"退休时为止，而退休后如何"我"就管不着了。

这就是传说中的"铁饭碗"。这样的单位有吗？有，但很少，而且会越来越少，谁也不能保证会让你一辈子端着。

要知道，你在这个环境中浸淫久了，就会有一种"我的眼里只有你"的恍惚，根本看不到"天涯处处有芳草"，所以，一旦因为某种原因必须离开这只饭碗，就会感到昏天黑地，甚至觉得"地球末日"不远了。

如果说，计划经济时代什么都被纳入"计划"，这时候父母这样教育孩子在"一条道上奔到黑"还有情可原的话；那么，进入市场经济时代后，什么都要到"市场"上去寻找和交换了，这样的观念就显得落后可笑了。

举个最简单的例子：如果你把自己卖给某个单位，就在这个单位里拿工资，只服务于这一个单位，一般的月工资总会在几千元；如果你把自己卖给整个社会，也就是说服务于全社会，例如你能写书、唱歌、演讲，你的读者、观众、听众达到几十万、上百万、几千万人，哪怕你只从每个受众身上赚取1元钱，也能马上成为百万富翁、千万富翁，这是"吊在同一棵树"上一辈子都难以望及的。

回到货币的交换职能上来，就是说：一个人服务的对象范围越广，就表明他的交换职能越强，市场前景越广，将来就越可能富裕。

为此，你在教育孩子时就要特别强调，要让孩子学会某种本领，这种本领能够为更多的人服务，服务范围越广越好；而不是眼睛只盯着"现在好好读书，将来找一份好工作"，然后在这家单位做到退休。

如果真的是这样，实现温饱也许不成问题，达成小康也有可能，但要想致富，希望非常渺茫。

所以你看看那些有钱人，他们在孩子小的时候会鼓励他们挑战和冒险，大学毕业后更会鼓励他们去小单位锻炼，然后自己创业，学管理、带团队，这样最终当上大老板、发大财的比例就高。因为他们手下有兵，根据团队业绩提成，虽然比例不高，可是绝对值大。而穷人家的父母则通常会鼓励孩子自得其乐，大学毕业后最先想到的是去大企业找一份稳定的工作，要想增加收入就只能靠加班加点。

容易看出，货币的交换功能在富人眼里是挑战、是管理，在穷人眼里是求稳、是手艺，前者算的是大账、后者算的是小账。举例说：前者购房时会选高档住宅，200万元的房子哪怕有钱也只肯首付50万元，另外150万元要靠贷款，试图以钱生钱；后者眼睛会盯着100万元的房子，哪怕面积小一些、地段差一点，也不会去背过重的借贷负担。同时，还要挑选物业收费标准低的。殊不知，物业费便宜的小区管理就会跟不上，未来升值空间小。5年过后去看看，前者或许已经涨到300万元，后者却可能已经跌到80万元，贫富差距再一次体现在货币的交换功能上。

在这里，不同的购房行为体现不同的经济实力，更涉及消费投资理念。

没谁规定父母的钱就是孩子的

现在的父母最喜欢说的一句话是，"我们就你这么一个孩子，以后这一切还不都是你的？"这句话看起来合情合理，也很真实，却很可能对孩子起了反作用。

因为归根到底，并没有谁规定父母的钱就"必须"是孩子的！

有这样一则真实故事：一对夫妻离婚了，留下5岁的儿子跟着爷爷奶奶过日子。这是一个典型的"四二一"家庭（四个老人，一对父母，一个孩子），可以说这两个家庭将来的所有财产都可能是留给这孩子的，全家人并不忌讳这一点。

所以，离婚时双方明确：房产留给孩子，并且留给孩子40万元现金，余下的再在夫妻之间分配。爷爷奶奶、外公外婆也各自有若干存款转移到孩子名下。并且，所有这些都办妥了法律手续，即孩子是这些财产的唯一所有人。孩子也知道这一点。

爷爷奶奶平时百般迁就孩子，要什么给什么。由于家庭条件不错，物质上更是超前消费。有一次，孩子拿着一张巨额存单到别人那里去要求抵押，以换取一大笔现金用于零花。对方见他还是个学生，就及时通报了他的监护人。

爷爷奶奶对此感到很惊讶，便问他："你怎么会想到这样做呢？"孩子回答说："你们不是一直说这些钱早晚都是我的吗？那我现在要用钱了，有什么不可以啊？"

看看，孩子认为这些钱属于他是天经地义的，他理所当然拥有对这些钱的支配权。这虽然不能说是错的，但孩子的做法确实令人心疼，因为这违背了所有长辈的初衷。

实际上，这就是财商教育方面的问题了。也就是说，钱确实是个好东西，但它更是一柄双刃剑，它既可能成就一个人，也可能毁掉一个人，这些长辈忽略了这一点。

我们常常可以看到，现在的父母对孩子宝贝得不得了，孩子提出的所有物质要求几乎都给予满足，这样就使得他们产生一种错觉：父母是我的"取款机"，我要什么都可以从父母那里得到。久而久之，孩子就形成这样一种思维定势："我不需要付出太多的劳动和努力，就可以过得很舒服！"

最典型的是，孩子生活、学习中要什么，父母不但加以满足，而且会尽可能选价格最高的、质量最好的；平时工作忙、与孩子接触少的父母，休息天更会以这种大把大把花钱的方式来减轻"罪过"；更不用说单亲家庭的孩子了，请得起保姆的会想方设法聘请全日制保姆带孩子，请不起保姆的也会带着孩子上班下班，非常辛苦。

可是这一切，在这种环境下长大的孩子眼里，似乎都是"天经地义"的，父母对他们"唯一"的要求就是现在好好读书、将来考个好大学、找份好工作，然后继续重复下一代的繁衍生息。

不用说，这样的父母活得很累，因为单靠他们拼命工作、储蓄存钱，可以说一辈子也不会"发财"，离财务自由的境界更是差得很远；这样的孩子也很不开心，因为他们从小就被告知读书是唯一的出路，因此剥夺了在这个年龄应该享有的乐趣和才艺发展。

等到这些孩子长大后，因为不具备起码的金钱控制、管理能力，所以只能依靠"单位保障"过日子，一旦单位靠不住了，就会感到前途渺茫，甚至愤世嫉俗、自暴自弃。

要想改变这样的命运，父母从小就必须告诉孩子具有怎样的权利和义务：什么是属于他的，什么是不属于他的；他可以得到什么，不可以得到什么；父母长辈能够给他什么，不可能给他什么；这个年龄阶段他需要做什么，不可以做什么……

可以说，这样的概念给孩子灌输多了，孩子心目中就会慢慢形成一种"自我"观念，知道自己今后的路该怎么走，而不是一味靠父母。

所以我们能够看到，现在社会上有许多年轻人，到了该自立门户的时候却依然赖在家里，吃父母的、用父母的，什么事都不用操心，甚至连恋爱、结婚、也不会，或者是不敢，以至于最终成为"剩男""剩女"，连动物的求偶本能也消失了。

试想，成年人连谈个恋爱、约会见个面也要父母陪着或包办代替，这究竟意味着这样的人类是进步还是退化了？这样的孩子长大后还怎么去适应社会？所以，绝不要让孩子养成一种什么都是天经地义的观点。

正如《国际歌》中所唱："从来就没有什么救世主，也不靠神仙皇帝！要创造人类的幸福，全靠我们自己！"

工资只够开销，资产才能致富

大家都知道，工资是你为别人打工每个月得到的劳动报酬。社会上经常有人说，"我的工资要是达到每个月多少多少就好了""这样我就发财了"。

其实，这种观点是不对的。当你的工资收入真的达到这个标准，你会觉得钱还是不够用，还是不会"发财"。

我自己就有这样的体会。1990年，我去保险公司给刚出生的儿子投保一份"子女婚嫁金保险"，根据章程约定，每年一次性交纳200元，22年后可以一次性拿到1万多元本息。当时我对襁褓中的宝宝说："我家总算也有个万元户喽！"

当时我的年薪收入不到1 000元，"万元户"家庭在当时是令人羡慕的"大富翁"，当时每年交200元保费也不能说少了。不用说大家都知道，现在的这1万元能派什么用场呢？只够得上家里添置一套沙发或一张餐桌，或者汽车磨蹭了一下去维修点走一趟而已。

从根本上说，无论你的工资水平有多高，都只够家庭开销，不会有太多的结余。因为你的工资水平在提高，意味着全社会的通货膨胀也在加剧，而且可能涨得更快；即使你的工资收入高于社会平均水平，这超出的部分也基本上是用来供你消费的。

看看你的周围，经济条件一般的家庭，私家车的档次可能是十几万元的；工资收入较高的家庭，私家车档次就可能提高到了二三十万元，如此而已。真正能够让你致富的，不是高工资，而是"资产"运作。

所以，你有必要对孩子讲清其中的道理，这对开发孩子的财商很有帮助。如果你用上述错误观点来误导孩子，孩子将来只会越来越苦，哪怕他的工资收入的确是在年年增加。

不要以为这种观点是奇谈怪论，看看你的左邻右舍，就很容易体会到"马无夜草不肥、人无外财不富"的真理。

这里的"外财"并非是指贪污、受贿，而是明确地指家庭资产的投资获利。贪污、受贿当然也是外财，但毕竟是"偷"来的，不光彩，更不安全，一旦被抓住就会前功尽弃、身陷囹圄，再多的财产也无福消受。只有自己创造的资产，才能源源不断地为你创造收入，这才是你的工资收入（固定收入）以外的额外收入（外财）。

所以你能看到，创业者在创业之初、企业只有投入没有产出时，往往会不给自己发工资；即使给自己发工资，也会因为企业运作初期资金周转困难，发给自己的工资标准比雇员还低、发放时间比雇员更迟。可是在这样的情况下，他们依然尽心尽力，并乐在其中。

为什么？就是因为他们非常清楚两者之间的区别：自己是老板，这个企业是自己的；而雇员只是打工者，他们对这份"资产"没有份，有份的只是每个月到手的那点工资。

近距离观察这时候的创业者，你会发现，虽然他自己并没有领工资，可是依然过得比打工者富裕，甚至不只相差十倍、百倍。原因在于，他除了这份"资产"外，很可能还有其他"资产"在为他创造收入。并且，即使企业财务发生困难，甚至一连几年没有盈利或者还在亏损，他的个人生活也照样过得有滋有味，就是这个道理。

所以，同样是工资收入，企业老板和工人考虑的角度和结果并不一样：工资很可能是该工人的唯一收入，全家都指望着用它去买油盐酱醋呢；而工资是该老板锦上添花或可有可无的收入，有则最好，没有也无妨。容易看出，这两者之间是无法相提并论的。

俗话说："工字不出头，老板才自由。"从字面上看，"工"字当然不会出头，否则就变成了"土"字、"干"字或"≠"号。这里的实质在于，光靠一份死工资过日子的打工者很难达到"富裕"程度；只有自己创业，凭借不断的"资本"投入变成"资本家"，才能相对轻松地达到财务自由境界。

这种财务自由，可以摆脱在别人手下打工，给别人打工哪怕你拥有最高的薪水、最高的职位也有寄人篱下的感觉；而且无论在收入、消费、思想、财富、阅历等方面，都有如此感觉。

所以，如果你在对孩子谈钱的时候，能够把思路拓展到这一步，就可以避免"小学—中学—大学—工作—好工作"这样一条羊肠小道，从而惊呼"外面的世界很精彩"，让孩子也产生一种"世界那么大，我想去看看"的念头。

换句话说就是，如果你的孩子将来参加工作有了一定的积蓄后，首先想到的会是去置办不动产，让"资产"生钱，而不是先把原来所用的手机或私家车换得高档一点、把家中的彩电换得更大一点，这时候，你的财商教育就是成功的。

储蓄会让你越来越穷

中华民族历来有"勤俭持家"的传统，其中必不可少的内容之一是储蓄。可是从财商的角度看，储蓄只会让你越来越穷。这并不是反对你把钱存在银行里，更不是和银行有仇，而是揭露了一种真相：投资越来越富，储蓄越来越穷。

明白了这一点，父母在平时对孩子的教育就不要过于强调储蓄的重要性，更不要一味陈词滥调地告诫孩子"要尽早养成良好的储蓄习惯"云云。如果良好的储蓄习惯仅仅是指把现金存在银行比放在家里安全还有点说得通的话，那么，把储蓄当作一种投资理财行为，就大错特错了。

谁都知道，你的储蓄收入来源于银行存款利息，而银行存款利率是肯定低于实际通货膨胀率的。也就是说，你把这部分钱存在银行里拿利息，届时本金和利息加起来的实际购买力总是在不断下降的。

下降幅度多大呢？官方发布的数据是，我国2015年的物价上涨指数（CPI）为同比上涨1.4％，是5年来的最低点，与当年年末1年期银行储蓄基准利率1.5％相当。而据北京大学教授王建国在2013年首届诺贝尔奖经济学家中国峰会上的测算，2000年至2012年间我国实际通货膨胀率约为13％至14％。他的依据是：在此期间我国年均M_2增长率18.2％－（GDP增长率9.5％－GDP增长中的出口4.5％～5％）＝13.2％～13.7％[1]。如果按通货膨胀率13.5％计算，就意味着现在的货币购买力实际上只值10年前的23.45％。就好比说，现在的100元钱只相当于10年前23.45元的购买力。这还没有考虑利息税因素在内。

所谓利息税，是指对个人在我国境内储蓄人民币、外币取得的利息所征收的个人所得税。

我国的利息税是从1950年开始征收的，税率先是10％，后来降到5％，1959年停征。1999年恢复征收，税率提高到20％，2007年8月降低为5％，2008年10月起暂时免征。请注意这里的"暂免"用词，并不是完全停止征收了。

征收利息税是全球许多国家的普遍做法。例如日本的利息税为15％，德国为30％，瑞士为35％。美国没有专门的利息税，但是会把工资、存款利息、稿费、股票投资获利等合并在一起纳税，比例高达39％。

由此可见，这些国家的银行储蓄都会因为要征收利息税的因素，从而使得你的财富加速缩水。而且国外的普遍做法是，除了本币存款利息、外币存款利息

---

[1] 王建国：《考虑M_2中国通货膨胀率在13％～14％之间》，和讯网2013年3月19日。

外，企业债券利息、国债利息、投资收益等也都被纳入利息税的征税范围。

与此截然相反的是，如果你从银行取得贷款，则可以起到节税效果。节税，就意味着你提高了收入、扩大了财富。

例如，我们都知道，许多娱乐明星都有自己的企业。他们明知自己整天忙于拍戏、唱歌、演出，没有时间打理企业；说句不好听的话，他们中的许多人在投资理财方面完全一窍不通，可是他们依然雇人经营管理，从来就没有准备关门大吉的念头。为什么？原因之一就在于资金运作。

因为这样一来，本该属于他们个人的巨额收入，就可以通过公司名义入账，变成企业经营行为，从而逃避个人所得税的征收（这时候适用企业所得税征收管理办法）。与此同时，明星个人的所有支出，哪怕是买条三角裤、外出拍戏途中嘴里嚼的口香糖，也都会计入公司成本，从而降低企业所得税纳税额。他们通过银行贷款投资其他实业，银行贷款所付利息又会在企业账上表现为"财务费用"项目。财务费用增加了，企业利润减少了，从而上缴给政府的所得税就相应降低了，这就是节税。

节税不但光明正大，而且完全合法。从某种意义上说，他们得到的银行贷款数额越大，这种节税效应就越显著。

所以可以特别关注一下，没有哪个明星——推而广之，没有哪个富裕家庭、没有哪家效益好的企业——会把钱存在银行里拿利息。他们都很精明：储蓄存款只会让自己越来越穷。

所以父母在教育孩子时要注意，如果仅仅把储蓄说成一种理财方式讲给孩子听，并无不妥；而如果一本正经要求孩子养成这样的"好"习惯，这种观念就过时了。

我的一位小学同学在南京某大学当教授，从小就是个乖乖儿。他的父母是老实巴交的农民，从小到大一直教育他说，"要好好读书、将来考个好大学"，"好好存钱、买房子"。

父母是这样说的,他也是这样做的。2002年春节我在他家里时,他对我谈了新年展望,说准备把多年来的银行储蓄取出来,再贷款几十万元,买套140平方米的新房,现在的住房太旧了。他父母一听赶忙说,这不行不行,贷款几十万元,你以后拿什么来还!你这辈子不是要苦死了?

接下来的事情大家都知道,他放在银行里的那几十万元储蓄,每年所得利息与房价上涨速度相比简直是龟兔赛跑。

可恨的是,龟兔赛跑故事中的兔子会偷懒睡觉,而房价上涨这只兔子却一直异常兴奋,一路"兔"不停蹄,把乌龟甩得无影无踪。

十几年过去了,据说我的这位老同学依然没能住上新房。望着存在银行里的这百万元现金,再看看2016年3月他原本想买的那个区域房价已经涨到每平方米3万元以上,唯有哭笑不得!

赚钱不吃力,吃力不赚钱

俗话说:"赚钱不吃力,吃力不赚钱。"这是一句千古真理,放之四海而皆准。可以推断,最早发现这一规律的人,他的财商一定很高。

"赚钱不吃力,吃力不赚钱"公平吗?不公平。在过去按劳分配的年代,"按劳分配"原则强调的是"一切有劳动能力的社会成员都必须参加劳动,凭劳动获得个人消费资料;有劳动能力而不参加劳动的人则无权领取个人消费资料。"通俗地说就叫:"各尽所能,按劳分配,不劳动者不得食。"

需要指出的是,按劳分配原则的适用条件是生产资料公有制;只有生产资料公有制,才能要求每个人都成为自食其力的劳动者,成为"新人";否则你凭什么让人家"必须参加劳动"呢?因为靠"资产"获利,也是他们"各尽所能"的一种方式呀!

用这一观点看问题，劳动一定是"吃力"的，两者在某种程度上可以相互替代，即"劳动＝吃力"。如果有人想不吃力就赚钱，不但不可能，而且简直是异想天开。

然而，现在"不劳动者不得食"的观点还有人提吗？没了。究其原因主要有两点：一是市场经济的基础是生产资料私有制（社会主义市场经济亦是如此）；二是按劳分配侵犯了人的天赋权利，即人有劳动的权利，也有不劳动的权利，只要他不侵犯别人的利益就行。从后者看，人一出生就吃母乳、孩提时期吃家里的喝家里的天经地义，与劳动能力和劳动都没关系，这是父母养育孩子的责任。

"赚钱不吃力，吃力不赚钱"不公平吗？也公平。归根到底，劳动和吃力并不是一回事。虽然吃力很可能意味着你付出了劳动，但即使这样，也要看这种劳动的效率、效益、效果如何？如果是低效率的劳动甚至是无用功，不但可能没有产出，甚至还可能会造成损失。

所以我们能看到，"赚钱不吃力，吃力不赚钱"的情形现在已经很普遍。他们的赚钱秘诀并不在于"吃力"，而在于"资产"。他们是名副其实的"资本家"，获取的是资本收益。

在我居住的小区附近，有一片面积巨大的农民拆迁安置房。这里地处城市郊区，过去不起眼的农民住宅被政府征用后，每家每户都能分到三五套住宅，多的甚至有十几套。

每套安置房的建造标准和城市住宅完全一样，经过简单装修后，每月对外出租的收入在2 000多元，相当于应届大学毕业生的月薪。

而拆迁时是不需要农民另付现金的，搬家、装修费用基本上也由政府出。所以，这里的农民日子过得非常富裕，他们的孩子即使不上班，也会有最低生活保障，再加上房租收入，每个月的现金流入基本上能达到当地工薪阶层中的最高水准。

而不用说，这些住宅年年可以对外出租，永不停息，好像根本不存在折旧似的（要知道，现在房龄在二三十年以上的二手房，其价格仍然和新建住宅没什么两样，也真是怪了）。

我认识的一位马君，25岁，没有考上正规大学，所以当时只读了个职业院校，是大专生，现在在一家单位当会计。他家里就拥有4套拆迁安置房，自住1套，3套对外出租，月租金收入在7 000元左右。而他去年实际到手的年收入也只有26 000元，相当于每月2 200元。

与他年龄相仿的大学生（现在好像一个个都是"大学生"似的），要找一份工作颇不容易；参加工作后，辛辛苦苦地从早到晚，每天的上班时间肯定要超出8小时，可是月工资收入也超不出2 500元。

从上述例子中很容易看出，"赚钱不吃力，吃力不赚钱"又一次得到了最好的诠释。区别在哪里？就在于：一个得到的是劳动收入，所以你得拼死拼活地干活；可是这样下去，终其一生也很难买得起一套像样的商品住宅。而马君家得到的是投资收入，每个月都会轻而易举地送钱上门。并且，投资收入和劳动收入相比具有杠杆效应。也就是说，你一个人只能打一份工，可是别人却能对外出租好几套房，相当于几个人同时给他全额上缴月薪。

也许你会说，这两者之间没有可比性，因为他们的起点不同：马君原来就拥有一套旧宅，而刚来的大学生是赤手空拳。

如果从这个角度看，确实有道理；可是反过来说，马君的父母30多年前从外地过来时，也是面对这样的境况：因为进的不是"正规"单位，不可能分到住房，所以只好咬咬牙花1 900多元钱在房价最便宜的郊区买了一套农民闲置房。虽然房子旧了点，地势也比较偏，但最大的优势是价钱便宜，装修后完全不影响居住，这才有了今天。

相反，那些在"正规"单位工作的员工呢，多数都分到了一套属于自己的福利房。当然，面积很小，通常在30多平方米。他们在这样的庇护下繁衍生息，一辈子为单位辛勤工作，直到退休，就像你见到的周围大多数人一样。

俗话说："前人栽树，后人乘凉"；对于同一个人来说，则意味着"先栽树，后乘凉。"又有俗话说："人无远虑，必有近忧"，意思是说，一个人如果以前没有长远考虑（添置"资产"），眼下就会出现忧虑（因缺乏投资收入、被动收入来源而陷入困顿）。

所以，父母要让孩子明白，尽早、尽可能地把家庭收入中的一部分转化为"资产"，从而形成投资收入和被动收入，就能尽快过上"赚钱不吃力"的好日子；相反，如果做不到这一点，将来就很可能会一辈子过"吃力不赚钱"的苦日子。

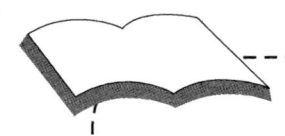

第三章

钱不是万能的

钱不是万能的。所以不要迷信钱能解决一切问题。实际上,能用钱解决的问题都不是大问题,不能用钱解决的问题如性格、学习、工作、价值观、交际圈等才更要引起高度重视。

清华高材生错误的成才观

钱在现实社会中非常重要，但钱并不是万能的。况且，人们所说的"没钱"多是一种比喻，指挣的钱或存的钱没有别人多，并不是说一分钱没有、到了需要乞讨的地步。

明确了这一点就会发现，现实生活中许多人的财富观念有问题。遗憾的是，人们对此见怪不怪、习以为常。

《中国青年报》曾经刊登过一封家长来信，大致内容如下：

儿子的中考分数终于出来了，当知道他只能读一所民办高中时，全家笼罩在一个巨大的阴影里。其实，考前我们都预见到了这个结果，因为他所有的模拟考试的成绩都差不多。他才15岁，可是他并不接受自己考不上高中的后果，不想上技校或者就业。问他，知道技校职高都学什么吗？知道，叠被子铺床！我和丈夫都是清华大学毕业的好学生，我们对儿子的期待并不高，不要求他出人头地、为父母争光，或者满足父母未曾实现的梦想；但也没有低到非脑力劳动这条线。我们对儿子的期待是，接受一般的高等教育，有个基本稳定的工作，薪水能养活自己和将来的小家庭。难道，我们这样的期望也高了吗？唉，我真是个失败的妈妈。

这就是我们周围的父母，每个人都希望孩子将来能出人头地，至少也要坐办公室，却全然没有考虑到孩子的实力和志向。父母能干的，希望孩子能再接再厉、超过自己；父母窝囊的，变本加厉地希望孩子要为自己翻本。于是乎，全家乃至整个家族的希望就全都压在孩子身上。孩子不管干什么，都活得不开心。

在我们这样一个什么都看文凭的社会，接受良好的教育无疑是重要的，但却不是唯一的，甚至可以说不一定是最重要的。

究其原因在于，时代的发展已经从计划经济进入市场经济，如果你再用原来计划经济的观念来看问题，势必就是刻舟求剑的目光了。

我有一位高中同学1982年大专毕业。在当时的一次同学聚会上，他兴奋地把文凭扔在地上说："我这张文凭掉在地上会蹦三蹦（比喻硬气）。"虽然我们明明看到它是飘下去的，悄无声息，但当时没有人怀疑这一说法。

但仅仅过去了10年，大专文凭就被淘汰了；又过了10年，本科文凭也不吃香了，不管招聘什么岗位，一律都要求学历"本科以上"。为什么会这样呢？这就是计划经济和市场经济的区别。

在计划经济时代，教育孩子要好好读书，将来考个好大学，然后开始工作生涯。由于生活、工作节奏不快，所以知识（文凭）的折旧不快，凭一张文凭熬到退休完全有可能。

这就是为什么过去听到对方是"大学生"就觉得他非常有学问的原因。因为当时的一张文凭，意味着他受过很好的教育、有一个很好的工作，政府把他纳入了"人才"①的范畴，他可以安安稳稳地工作到退休，之后依然可以享受丰厚的退休金，生老病死都由政府兜着。

可是现在不同了，市场经济大大加速了知识（文凭）的折旧，更不用说那些学非所用、滥竽充数的文凭了。即使你有真才实学，一踏上工作岗位也会觉得自己什么都不是，需要不断地考研、进修、以保住自己的饭碗。而即使是这样，还随时面临着失业的威胁。

不用说，每个人都没有了安全感，才需要通过不断跳槽来抬高自己的身价，以便存一大笔钱用于自己和家庭今后在医疗、住房、子女教育、退休后的保障。

看到这里，你就可以看出上述这位清华大学毕业的妈妈，观念之陈旧和落后了。

---

① 人才的本意是指具有一定专业知识或专门技能、进行创造性劳动并对社会作出贡献的人，与知识分子的概念相近。长期以来，我国对知识分子的定义是"中专以上文凭、从事脑力劳动的人"。

在她看来，自己的孩子必须考一个普通高中，然后上一所哪怕是最普通的大学，这样才能找到一份既安全又有福利保障的工作。

殊不知，这种具有基本保障的工作充其量也是"临时"的，要想确保饭碗永固，最关键的是自己要有真本领。为此，比学习成绩更重要的，是适应社会变化的能力，否则很快就会被社会淘汰。只有靠真才实学、靠被动收入，而不是什么保障计划，才能使自己和全家过上幸福、富裕的生活。

具体到《中国青年报》上说的这位孩子，重要的不是父母逼着他去走"读一个好高中—找一份好工作—有一份稳定工资"的羊肠小道，永远跟在别人后面垫底；而是及时根据孩子的特长，着重提高他的财商，培养一身过硬的本领。

只有这样，参加工作后整天担心的就不是老板什么时候辞退你了，而是你什么时候准备辞退老板、另谋高就，或自己当老板！

35 岁的传说

35 岁本来不是什么特定标志，可是现在职场中的人都知道，事实上这已经成为一条重要的分界线：许多企业招聘员工只要 35 岁以下的，35 岁以上的一律不予考虑。

一时间，35 岁似乎就成了"中""老"年人的分界线，这真让求职者们哭笑不得。

许多企业在招聘员工时明确表示有这样的要求，让处于这个年龄段的人头皮一阵阵紧张，觉得自己要跳槽的话必须赶快，否则以后的机会就不多了；而已经过了这个年龄段的人更是有一种莫名其妙的不安，觉得自己已经"来日无多"，升职、加薪都得加快步伐了。

有些企业虽然没有这样的明确规定，但暗地里有这样一条内定标准，实际上也是这样做的。

除了招聘,许多企业的升职也参考政府机关的做法,认为35岁以前就应该达到什么职务才能继续提拔,过了这个坎就不予考虑了。

例如,许多机关在提拔副局长时,不但直接从35岁以下的职员中进行遴选,有的甚至把年龄提前到30岁以下,而不是沿用过去从科长、处长一级一级慢慢提拔的老路。

有人猜测,这是局长为了有人将来有人"保"自己的一着棋。30岁的副局长至少还能在位置上干个20年,自己至少在这段时间内可以确保安全无虞。

其实,这只是一种戏说,真正的原因在于年轻人思想不保守,更善于接受新事物,能打开开创性局面。

不用说,如果一个人除了自己现在的职业外,并没有考虑过为其他职业做准备,那么一旦面临失业、调动、去职等变革,就可能会手足无措,以至于一步走错、满盘皆输。

存在的就是合理的。请不要抱怨社会变革,现实永远是正确的,错误的只是你还在沿用过去的旧观念考虑问题。这种情形在我国出现还只有10多年时间,可是国外早就有了。

例如,美国一家著名的计算机公司在招聘员工时,收到的应聘简历很多,可是他们筛选简历的第一个条件就是看出生年月,如果年龄超过35岁,无论条件多好都不予考虑。

因为国外有一种观点认为,现在的职业生涯往往在40岁时达到巅峰状态,所以他们招聘员工需要把年龄限制在35岁以下,才能吃到甘蔗中段"最甜"的那部分!

综上所述,父母在对孩子谈钱时,非常有必要明确告诉他们一点,那就是首先要确保自己挣钱、理财的本领,而不是钱多钱少。

换句话说,当孩子在大学毕业踏上工作岗位后,以及此前的求学时代,就应当强调多学几门有用的本领，而不是一味考虑有"一份"好工作、"一份"高工资。让自己的知识、技术适应社会发展要求，是最重要的。

我认识一位某影剧公司的政工处长曹君，他的经历或许就能说明一些问题。

在过去几十年中，看电影、看演出曾经是几乎所有人的主要娱乐活动，所以电影、演出市场非常红火。曹君所在的影剧公司是个好单位，员工要进入这样的事业单位，非得开后门不可。曹君从普通放映员到办公室干事，再到政工处长，可以说一帆风顺，甚至可以说春风得意得很。

遗憾的是，随着营业、演出市场越来越疲软乃至一蹶不振，到最后连生存都成问题，影剧公司开始大量裁员，终于有一天曹君也被列入了裁员行列。

这时候的曹君40岁刚出头，正是年富力强的时候。可是由于历史的局限性，曹君除了能做"政工"以外别无长处，虽然也拥有"高级政工师"的职称，可是在别人看来这一文不值。买断工龄回家后，他才知道原来在位时那些被淘汰的职工是多么困难，并慢慢品味着他们的心路历程。

他不得不放下架子，登门拜访原来认为几个关系还不错的下属，打听哪里有招聘信息。然而他在位时的一本正经面孔并没有少得罪人，所以居然找不到一个有用的关系。

赋闲在家后，有一次他在喝满月酒时突然想到，现在每家每户都只有一个小孩，父母最愿意在孩子身上花钱了，做小孩子的生意最容易赚钱。

于是，经过一个多月的市场调研，在交纳了6 500元特许加盟费后，他引进了一套彩色影像制作系统，在电脑上通过专业图像处理软件，把刚出生婴儿的照片、手印、脚印、姓名、出生特征、体重、身高、性别、血型、属相、星座、民族、国籍、出生地、出生日期、父母姓名、接生人签名等内容，清晰、细腻而艳丽地表现在金属板或陶瓷、T恤衫上，效果则可以达到和数码照片不相上下的地步。

曹君有一次见到我后实事求是地说，他原来的想法是退休之前争取混个工会主席什么的当当,没想到命运给他开了个玩笑,让他苦闷了好几年。要说现在,他已经拥有三家连锁店,给他个影剧公司总经理的职位他也不干了。

平衡的金钱个性

钱不是万能的。所以,父母应该让孩子从小就对钱抱有一种平和的心态,培养孩子平衡的金钱个性。

所谓金钱个性,是指每个人对金钱的观念、感受、行动的组合。金钱个性的三要素是:金钱的赚取、花费、管理。

每个人都有自己的金钱个性,父母的金钱个性又会影响孩子的金钱个性,甚至可以像基因一样"遗传"给孩子。所以我们能看到,父母对金钱是怎样的态度,往往会影响到他们的孩子。

例如,如果夫妻之间在用钱的问题上什么都是丈夫说了算,他们的孩子长大成人后很可能也会是这种类型。

当然,也可能相反。这看起来好像是矛盾的,但其实很好解释:他们的金钱个性基因相同,但在幼年时期彼此搜集到的金钱价值信息或其处理方式有较大差别。

无论是谁,在金钱个性三要素中,对这三要素的偏爱程度各有不同,其中必定有一个或两个居于重要位置。

这就是为什么我们看到,同样是企业家,他们有的人特别重视扩大销售、占领市场,有的特别强调节约成本、低成本运作,有的则尤其强调内部标准化管理。实际上,这就是他们分别对金钱的赚取、花费、管理之偏爱造成的。

当然,不仅仅表现在企业管理上。即使在日常生活中,每个人的金钱个性也会暴露无遗,只不过许多人平时不注重观察,或不知道有这样一种特征罢了。

例如：

有些人贪得无厌，他们认为有钱是最重要的，其他任何东西包括社会道德甚至法律都没有钱来得重要。这方面最典型的是全球第一个亿万富翁、石油大王约翰·洛克菲勒。当时有位记者问这位已是全球首富的他："还需要多少钱你才能得到满足？"他回答说："多多益善"。容易看出，在他眼里，如何赚钱是最重要的。

有些人是出了名的吝啬鬼，他们从来不舍得花钱，对别人甚至对自己都非常苛刻，他们过着一种苦行僧生活。这方面最典型的是美国的赫蒂·格林，1916年她去世时个人财富超过1亿美元，相当于今天的80亿美元，却舍不得支付亲生儿子腿部受伤后的医疗费，从而导致儿子腿部永久性残疾。容易看出，在她眼里节约用钱是最重要的。

有些人在用钱的问题上，不是斤斤计较就是毫无节制。明明是超级富豪，可是无论买大件还是小葱都要斤斤计较，甚至为此和卖主争吵；或者相反，明明穷得像瘪三，可是用起钱来大方得很，信用卡经常透支，以至于经常被银行列入黑名单。容易看出，这些人在管理金钱方面问题重重。

经过上面这样一解剖，大家可以看到，大多数人都不是如此极端，也就是说是比较平和的，而这正好反映了一种正确的金钱个性。

上面已经提到，父母的金钱个性能够遗传给孩子，所以从小就要在这方面对孩子进行有意识的熏陶。

研究表明，父母如果从小教育孩子要勤俭节约，那么这些孩子将来成年后，90%以上会体现出勤俭节约的习惯；另外10%，则会因为其他外部环境的影响，表现迥异。而在他们成年之前，这种特性则基本上是隐性的，外在表现不明显。

所以，父母应当根据上面所说的金钱个性三要素，有意识地看一看夫妻双方在这三个方面是否趋于一致；如果一致，说明对孩子的遗传因素较强；如果不一致，则对孩子的遗传因素可能较弱。

通过这种观照，有意识地把良好的金钱个性遗传给孩子，从而帮助孩子树立一种正确的金钱观；如果觉得自己对孩子的遗传因素不理想，也可以有意识地进行调节。

要知道，在以上三要素中，孩子的哪个方面居于最重要地位，对他的职业选择、个人成功都会产生巨大作用。

通常认为：居于最重要地位的因素如果是"赚钱"，那么孩子将来最合适的职业应该是企业家；如果是"花钱"，那么最合适孩子的职业应该是财务顾问、理财顾问；如果是"管理"，那么最合适孩子的职业应该是会计师、税务师等。

千万别小看这一点。在我的周围，就有许许多多这样的成功和失败案例。从我个人观察来看，在上面这三要素中，以敢于花钱、善于花钱居于最重要的地位，对钱看得比较平淡的人更容易取得成功，日子过得更富裕、更甜美。

事实上也能看到，无论是个人花费还是公家花费都落落大方的人，在中国往往更有人缘，无论是为个人还是单位获取利益时都得益最大。或许这就是中国是"礼仪之邦"，强调"礼尚往来""扫帚不打送礼人"的缘故。相反，处处斤斤计较的人，无论办公事还是办私事都比较困难，效果不尽如人意。

延缓享受的价值观

日常生活中，有很多事情不是因为我们不知道后果而放弃；相反，恰恰是因为我们克制不了立刻享受的冲动而放弃的。如果能够延缓这种享受，事情本来可以完全不同。财商教育的根本点就在于此。

尤其是在遇到钱的时候，这种情形会显得更普遍。

例如，炒股票的人往往有这样的体验：某只股票"捂"在手里很久了，这几天每天都有启动的迹象，自己心里也非常清楚，预测接下来它会有一波上涨行情；可是，看到几天下来累计有个10％的涨幅了便会赶紧抛出。可是没想到，就在你抛出后，该股票接连拉了几个涨停板，碰到"妖股"接下来甚至会一连出现几十个涨停板。实际上，这就是因为你贪图享受"现实惠"，而没有收割到应有硕果的缘故。如果你能学会延缓享受，那么接下来的若干个涨停板就都可能被你收入囊中。

对孩子进行财商教育，就非常需要注意这一点，善于说"不"。

这里的"善于"两字很有艺术，既有助于提高财商水平，又有利于提高道德水平，否则效果就会适得其反。

例如，父母经常会遇到这样的情形：明明孩子有好几条牛仔裤了，他还是吵着要买，而且要买就要买高档、名牌产品，否则绝不罢休。

遇到这种"牛皮糖"，确实很讨厌：满足要求吧，不但造成浪费，而且还会怂恿他今后花钱大手大脚、盲目攀比；不满足吧，看宝贝哀求哭闹的样子，也怪可怜。这时候正确的做法是：坚决抵制，但要讲艺术。

比如，你可以从这条牛仔裤的价值和价格方面进行比较，从这个角度来让孩子明白，买这条裤子"不值得"；同时，从他已经有了好几条牛仔裤、暂时用不到买新的这个角度，告诉他购买这条裤子的实际意义不大。或者，也可以从家中费用预算角度，让孩子明白这个月的费用开支计划已经超出，让孩子明白用钱是要讲计划的。

以上这些都是从财商角度来阐述的，当然，你也可以同时从道德角度、民族感情角度来阐述或补充。

比如，你可以劝他买另外一种国产品牌，告诉他该品牌生产厂家的效益很不好，现在连工资也发不出，买它的产品具有爱国、支持民族工业的意味；该国产品牌也有外销的，在国外的销售价格要翻好几个跟斗，远远超过你看中的进口品牌。这样一比较，就显出该国产品牌的价廉物美来了。

有一点要注意，除非你的家庭条件确实不行、买不起，否则千万不要骗孩子说"买不起"。

道理很简单：你的家庭情况孩子总能隐隐约约感觉得到，一旦孩子觉得你是骗他的，那么，今后无论什么样的教育都收不到应有效果了。尤其是在他看到随后你购买其他高档商品时眼睛一眨都不眨，会有一种说不出的愤怒。

请记住，说谎虽然可能会暂时摆脱烦恼，却怎么也不能说是教育。

还有一点就是，如果你承诺孩子"下次再买""下次再说"，那么一定要说清楚"下次"是什么时候；并且到了那个时候，一定要对孩子旧事重提，显示出你的诚心诚意。

相反，如果你仅仅把这种说法当作一种遁词，那么，不但会在孩子心里留下你说谎的劣迹；而且还会在他心里形成这样一种观点，觉得一旦遇到买东西、金钱等话题时，父母就总是要回避，好像有关钱的话题没什么可谈似的。

如果果真是这样，问题就不仅仅是你失去了一个培育孩子财商的好机会，而且还会伤害孩子幼小的心灵。

从全球范围来看，犹太人的财商是很高的。而犹太人在对孩子进行财商教育时，最重要的一点就是，懂得培养孩子延缓享受的理念——通过延期满足自己的愿望，来追求未来更大的回报——这也几乎成了犹太人教育的核心，或者说是犹太人取得成功的最大秘诀。

更让人惊讶的是，犹太人的财商教育中已经融入现代社会价值观，即把个人的一生规划范围扩大到了个人追求、个人资源等方面，其最高目标定位于"幸福的一生"。

例如，最典型的是，当犹太人的孩子迷恋游戏、不好好读书时，他们的父母会这样开导说："如果你喜欢玩，就需要去赚取属于你的自由时间，而这就需要通过接受良好的教育、找到好的工作、赚到很多的钱，然后才能买更昂贵的玩具、玩更长的时间。如果你把这个顺序颠倒过来，你就只会拥有一些最容易坏的便宜玩具，然后一辈子都要努力地工作，甚至最终没有玩具、没有快乐。"

可以说，这样对孩子进行灌输，哪怕孩子的年龄再小也听得懂。再加以不断重复，孩子的心里就会形成一种延缓享受的概念，慢慢地减少玩耍时间，把工夫用在学习上了。

不用担心延缓孩子的享受会惹他不高兴。他现在可能会怪你，但长大后就会知道你的良苦用心。台湾首富王永庆喝咖啡时，必定会把奶精倒入咖啡后，再回倒些咖啡到装奶精的小盒子里，将残留的奶精涮出来后再并入咖啡杯，确信没有浪费后才会开始享用。在这样的言传身教下，他的女儿也成为台湾女首富后，汽车依然开的是旧的丰田凯美瑞，用的纸质笔记本是学生常用的那种大路货。她终身感激父亲的言传身教。

很重要的一点：在儿童财商教育过程中，要特别注重孩子考虑问题的思路。具体来说，他是如何寻找平衡点、如何延缓享受的。

例如，如果父母把钱全部交给孩子支配，就应当全权赋予他这种支配金钱的权力，"用人不疑，疑人不用"。父母能做的只是制定规则，或和孩子一起制定支出计划，然后督促孩子严格按计划办事。只要孩子不违反规则，你就要放心地让他去做；如果因此造成苦果，也要让他独自品尝，这叫权责对等。这样才会起到教育效果，即通常所说的"长记性"。

不贪意外之财

俗话说："贪小利，屙大利。"意思是说，贪图小恩小惠往往会因小失大。从这个角度看，父母教育孩子树立一种"不贪意外之财"的观念非常有必要。

《楚辞·离骚》中解释说："爱财曰贪，爱食曰婪。"贪是一个贬义词，无论贪什么，好像都不大好，甚至连贪吃、贪喝、贪玩也都被归入这一类。古今中外，就是因为有许多人太贪，最终走上了不归路。

想想这两年每年都有数百家 P2P 平台跑路,害得投资者倾家荡产,实际上就与这些投资者财商不高、一味贪图高回报率有关。

2015 年年末,我国共有 P2P 平台 4 329 家,其中问题平台 1 439 家,比例高达 33%。山东一家互联网金融公司涉案超过 19 亿元,关门前两次在大门上嚣张地发布"跑路公告"——"老子就是来骗钱的,骗了你们又咋地",还同时公布法人代表的身份证和家庭住址[①]。如果投资者具备基本的财商和风险意识,受骗几率便会大大下降。这就是《富爸爸,穷爸爸》作者罗伯特·清崎所说的:"如果你不教孩子金钱的知识,将来会有其他人取代你。其他人是谁?也许是债主,也许是奸商,也许是警察,也许是骗子。"

"贪"字头上一把刀。我过去有个同学,是个班干部,可是平时不用功,考试时经常作弊,所以每次考试多能蒙混过关(及格)。

当时的社会风气不像现在,几乎没有人作弊,所以大家纷纷"预测"该同学将来走上社会后必定会"犯错误"(因为我们是会计专业,整天要与钱财打交道。常在河边走,哪能不湿鞋?更何况你现在主动作弊,将来必定会"腐败变质"的)。

一语成谶,后来该同学毕业后分配在石油公司当会计,工作没满两年就因为经济问题被处理,灰溜溜地被勒令离开财务岗位,从此不得从事与钱财打交道的任何工作。

如果社会上这种贪腐之风盛行,可想而知最终会造成怎么样的局面?

不难看出,每个人的欲望是无穷尽的,小不忍则乱大谋——小时候就无法戒贪,将来必定成不了大器。有鉴于此,我从小就对儿子说,堂堂男子汉将来要想有出息,必须有三戒:戒贪权、戒贪钱、戒贪色。

不过要注意的是,父母要孩子不贪意外之财,并不包括合法收入,更不能说

---

① 潘彧:《P2P 平台又现奇葩"跑路公告":老子就是来骗钱的》,载《广州日报》2016 年 2 月 19 日。

"钱是万恶之源"。如果你真的认为"钱是万恶之源",那么你离痛苦恐怕也就不远了。

《圣经》上说,所谓贪婪就是对金钱的狂热的爱,这时候的金钱才会成为万恶之源。由此也可以反过来说,如果你对金钱还没有到狂热的爱的地步,金钱也就不是万恶之源,所以你绝不要污蔑它。

如果你经常用这种口吻对孩子说钱是万恶之源,那么久而久之就会在孩子心里形成这样两种截然不同的错误观点:一是认为钱是"害人精",少接触为妙,结果当然是不利于孩子的财商培养;二是相反,孩子从你的这种恶毒咒骂中产生逆反心理,认为正是因为你赚不到钱,才对钱如此痛恨的,从而成为一个金钱的顶礼膜拜者。

一份调查表明,父母从小经常对孩子宣扬"钱是万恶之源"之类的话,孩子长大后普遍缺乏金钱管理能力,很容易步入各种财务陷阱和混乱,普遍活得不开心。

谈到这里有一点要注意,那就是,虽然你没有在孩子面前说过"钱是万恶之源"之类的话,可是却无意中流露出对钱的憎恨态度,这也是要不得的。这种情况更普遍。

例如,你在谈到有钱人炫富时,往往会反讥他们;在谈到某富豪时,总会流露出他们是行贿受贿、偷税逃税起家的;在谈到公务员的优裕生活时,总不会忘记他们贪污受贿的腐败行为。所有这些,都会在孩子心里自然而然地把金钱和财富与一些丑恶东西联系起来。

而实际上呢,或许你说得都有道理,部分也有事实依据,却不能以偏概全地认为"莫不如此",让孩子觉得"天下乌鸦一般黑",这对孩子的健康成长是很不利的。

所以,如果你不是要让孩子成为彻底的反拜金主义者和苦行僧,平时在言谈中就不要采用这种绝对化的语言。凡事绝对化了,也就离真理十万八千里了。

人脉=钱脉

在我国,"朋友"一词具有特殊的含金量。尤其是在当今独生子女时代,每个孩子甚至他们的父母都没有兄、弟、姐、妹,亲戚关系极其简单,这时候的朋友就填补了上述社会关系空白。

从古到今,中国人历来重视朋友关系,甚至有"兄弟不一定是朋友,朋友一定是兄弟"的说法,把它提高到比亲兄弟还亲的重要地位。

概括起来,朋友具有以下三大功能:

一是情感需要。每个人都是社会动物,都需要交流,而朋友就是在小范围内交流个人情感的最佳对象。有些话夫妻之间不能讲,却可以告诉最要好的朋友,就能证明这一点。

二是安全需要。这种安全不仅仅是人身安全、经济安全,即所谓的"在家靠父母、出门靠朋友";更包括由于相同价值观带来的安全感。朋友之间往往具有相同的经历、一致的价值观,会认同你的所作所为,并由此给你带来安全感。

三是功利需要。朋友关系甚至比夫妻关系更铁。朋友往往不考虑索取回报,甚至会在你创业致富、引荐工作、介绍对象时不遗余力;可是婚姻却越来越离不开物质,更不用说"宁愿坐在宝马车里哭、不愿坐在自行车后面笑"的那种"物质女郎"了。

所以,父母应当从小让孩子学会交朋友,交真正的朋友,交优质、同质的朋友,学会如何与人相处。不用说,这些朋友就是孩子将来在社会上"混"的基本人脉,同时也是他们的"钱脉"。

朋友的质量不太好衡量,可是数量却是有说法的。

心理学家认为,一个人交朋友的数量极限为 10、30、60。具体地说就是:"核心圈"(包括亲戚朋友在内)的人数不会超过 10 人。这些人在你最困难的时候会对你不离不弃，会真心帮你，会借钱给你。"中间圈"不应超过30人。你与他们时不时会有一些联系、聚会，可能是一个星期一次，或者一个月见上两三面，无论是谈工作、谈家常还是打麻将，总之表明你们经常彼此惦记着。"外围圈"不超过60人。你与他们平时不一定有联系，但一旦有事请他们帮忙，依然会尽力而为，不会推三阻四，否则也就谈不上是朋友了。

这三个朋友圈允许有交叉，所以总人数不会超过100人；并且，人员是流动的，尤其是外围圈名单中的进进出出更是频繁。有的人通讯录中别看名单有几百上千人，其实真正有联系、够交情的也就是这部分。

人的精力有限，所以交友范围必然会受到限制；可是，每个人的交友质量却大不相同。有人说，朋友是一面镜子，看看自己交的都是些什么样的朋友，也就知道你自己是什么货色、什么档次了。

朋友决定着一个人的视野有多开阔。俗话说，"多个朋友多条路"，这说明朋友之间需要经常走动，路是人走出来的。最需要走动的是外围圈这60个人部分，容易人走茶凉；中间圈这30个人，即使人走了茶还是温的，因为关系就摆在那里，更不用说平时还是经常走动的；核心圈这10个人，或者因为血缘关系或者因为私人关系过铁，对你而言茶永远是热的。

人是群居动物，所以每个人的事业基础都可以看作是建立在人脉关系基础之上的。最典型的是比尔·盖茨，他之所以能取得如此成就，最关键的因素之一，就在于具有丰富的人脉关系。人人都想帮他，这时候他不想成功都难了。

所以要注意的是，人脉关系要从小培养，所谓"朋友还是小的好，从小到老忘不了"即是如此。交往越早的朋友越少功利，基础越牢，俗称"赤裸兄弟"。

有道是："人心换人心，八两换半斤。"这表明，要想交到真正的朋友，你必须舍得付出、尊重别人、以平等姿态待人，否则就很难交到真心朋友。

并且，人脉关系也是会"遗传"的，你的人脉关系同样也会遗传到你的孩子那里。现在的人出去办事，"一个老乡抵三颗图章"，没办法，这就是中国的现实。

面对你过去的老同学，孩子一句"伯伯""阿姨"的称呼就会消除原本的诸多隔阂，原本再难办的事也可能会突然就变得易如反掌，这些都是人脉关系"遗传"的结果。

所要指出的是，作为钱脉关系的人脉，不仅仅是朋友圈，还包括面广量大的同学圈、老乡圈、战友圈、同事圈、员工圈、顾客圈、兴趣圈等等，他们都是"钱"。朋友也是生产力。

给孩子的钱要适可而止

钱不是万能的，所以父母对孩子的教育不能光考虑用钱来解决，在孩子处理问题时也要让他树立这样的观念。尤其是在给孩子零花钱时，一定要适可而止，绝非多多益善。

按理说，富人家的孩子有着更深厚的财源、更广泛的人脉，孩子将来在致富道路上会走得更远，然而事实却并非一定如此。说到底，这也可能是钱给害的。

富人家钱多，这毫无疑问。可是中国的国情是，经济条件越好的父母日常事务越忙。或者是自己有多家企业，需要事必躬亲；或者是体制内的官员，无论上下班都应酬不断。这样，父母也就疏忽了与孩子之间的交流。他们唯一能保证的，就是孩子要什么就给他买什么；为了简单直接，有的干脆就把孩子全托或寄宿在学校里，给他们一张借记卡，要用随便划。不用说，这对孩子的财商教育不但无益，而且有害。

相反，穷人家的孩子因为没有过多依靠，父母在忙于生计，所以反而会有更多的时间接触实践，花钱需要精打细算，甚至需要通过勤工俭学来贴补家用，成才率反而高。

有鉴于此，父母应当牢记这样两句话："再富不能富孩子""穷人的孩子早当家"。

在重庆市某重点高中，有一位女生名叫文文（化名）。她虽然家里经济条件不好，可是学习成绩却一直非常优秀。

文文小时候得过急性肺炎，为了给她看病，父母卖掉了外公外婆在攀枝花留下的房产，一家三口只能租房子住。由于父亲在外面跑供销，常年在外，所以文文6岁时就在巷口卖报纸，以贴补家用。上初中时，文文的同桌生了白血病，她为了帮助同桌，甚至还卖掉自家的电视机，凑出1 000元钱资助对方。

文文填报高考志愿时，父母希望她能报考上海一所名牌大学的经济系，可是她不同意，她想报考西南师范大学，理由是离家近，费用也可以更节省。而这时候父母告诉她说，如果她能听父母的话，愿意奖励给她一辆小轿车，外加出国旅游。

从小家境贫寒的文文对父母的许诺并不相信，这时候父母才告知实情：原来她家里十分富有，是父母为了不让她沾染上大手大脚的恶习，才一连装了17年的穷！

这件事情传出后，在社会上引起巨大反响。主流观点认为，在当今穷人和富人都无力对孩子进行财商教育的背景下，勤俭节约的生活环境要比奢华、优裕环境更容易塑造孩子美好的人格；而且，富人要教好孩子的难度显然比穷人要大。换句话说，社会舆论对这种装穷行为是认可的[1]。

事实上，要想父母让孩子故意受苦是很难做到的。所以接下来，我们看看美国亿万富翁是怎样教育孩子的。

美国富豪科鲁奇2002年位列全球富豪排行榜第9位，拥有个人财富81亿美元。可是他在给子女零花钱时却约法三章：每个未成年人都要有一个属于自己的

---

[1] 严行方：《家长不可不知的36个关键词》，四川少年儿童出版社，2006年，第89页。

小账本，用来记录每一笔钱的详细用途，在下次领钱时交给大人审查；如果账实相符、用途正当，则可以得到更多的零花钱，否则就要相应削减②。仅仅通过这一招，就使得科鲁奇的子孙们从小就学会了精打细算和当家理财，财商一个个都很高。

相反，看看我们的周围，无论家庭贫富，父母给孩子钱、孩子从父母那里拿钱，好像都是理所当然似的。这样的钱无论给多给少，都无法起到应有作用，甚至会起反作用。

例如，一位16岁的孩子对父亲说，"给我100元钱"。父亲连问都没问就给了他100元。孩子把钱揣在口袋里，转身就走。父亲脱口而出，说："哎，哎，你怎么连谢谢也不说就走了？"孩子回答道："谢你什么呢？这不是我应该得到的吗？其他同学可比我多得多。当然，如果你真的要我说声谢谢，也不是不可以，那我现在就说一声'谢谢你'！"

这就是我们今天看到的司空见惯的一幕，也是现在的孩子理财能力普遍差的根源之一。因为他们从小就没有受到过这方面的培养和训练，要怪不能怪孩子，只能怪父母自己。

所以，当我们今天看到清朝重臣林则徐（1785—1850）在读了疏广的故事后写下这样一副对联："子孙若如我，留财做什么？贤而多财，则损其志；子孙不如我，留钱做什么？愚而多财，益增其过"时，实在是应该掩卷思过的。

什么叫爱孩子，什么叫害孩子，这不是一清二楚吗！

---

② 石太明：《富翁"吝啬"留下的思索》，载《新民晚报》，2005年7月16日。

第四章

没有钱是万万不能的

当今社会没有钱是万万不能的。要求孩子远离铜臭既不现实,也没必要,更不可能。既然这样,让孩子从小就认清钱的本质,敢于谈钱,是养儿防老对你提出的更高要求。

远离铜臭不可能也不现实

在现实生活中，父母往往不愿意对孩子谈钱。哪怕夫妻之间为了钱吵起来，孩子打听一下是怎么回事，双方也会避谈是钱；当孩子知道是为了钱吵起来的时，也会打断孩子的想法，说，这不关你的事，你去"看书""做作业"去。

孩子难道真的无权了解钱吗？难道对孩子谈钱真的有多么不应该吗？可以说，除了年龄太小的孩子，父母在绝大多数情况下都是应该开诚布公对孩子谈钱的，因为钱是每个人日常生活中最常见、最离不开的事。

父母应当知道，不谈钱并不见得高尚，也不会由此就不存在钱的问题；相反，经常心平气和地对孩子谈一谈钱，而不是事后亡羊补牢，非常有助于提高孩子的财商。

从全球范围看，大多数父母都不愿意对孩子谈钱，觉得这是一件很困难的事，已是一种"国际惯例"。中国人是这样，外国人也是如此。究其原因在于以下五方面：

一是社会道德标准通常是富人制定的，富裕家庭通常不谈钱。富裕家庭不谈钱，一方面是怕露富，另一方面是他们不存在"钱不够用"的问题，所以，谁要是经常谈钱就会被人觉得"庸俗"。

二是人们常常会把钱和肮脏行为联系起来看。例如，词语中的"铜臭""不义之财""见利忘义"等贬义词，就能很好地说明人的这种心理。

三是成人之间谈到钱往往容易伤和气，所以干脆不谈。

四是经常谈钱会给人以一种"小市民"的感觉，所以为了个人形象免遭受损，会经常避免谈钱从而避免尴尬。

五是孔子所说的"民可使由之，不可使知之"的封建思想在作怪。在这里，"民"当然就是指孩子了。

也就是说，在父母眼里，作为孩子，你只要把书读好就行了，钱的事情用不着你关心。并且，你关心也没用，因为你不会赚钱；同时，你知道了家里的经济状况，说不定会因为童言无忌、到处乱说而带来一大堆麻烦。

例如：孩子说不定就会到处宣扬我家里"很有钱"，直至引来小偷或亲戚借钱，或引来纪委走访；或者，到处说我家里"很穷"，让父母下不了台。有时候，孩子看到别人有高档玩具也吵着要买，会对父母说"我知道你买得起"；有时候孩子会对别的小孩说，"我家里比你家有钱，所以你得听我的"，或者相反，等等。如果父母在孩子面前避谈钱，这些问题就可能会有所减少。

以上这些原因看上去好像都有道理，这些事情也好像就发生在我们身边，但仍然不能回避"钱"这个市场经济中最重要的财富象征。

简单地说就是，虽然钱不是万能的，但是没有钱是万万不能的。无论"铜臭""铜香"，谁都回避不了它。既然这样，正确的态度是直面相对。

尤其是对孩子来说，在他们的成长过程中如果很少谈论钱，其成长历程就可能会是不完整的。具体地说，在他们进入青春期后，会表现出不成熟、不负责任、没有上进心等特点，甚至进入成年后也会如此。

为什么？因为他们在家中从来就没有听到过父母谈论钱的话题，可是在进入社会或即将进入社会时又无时无刻离不开钱，这样一种反差，便会形成种种困惑。因为他们以前没有遇到过，不知道该如何处理。

有些父母在家里虽然也会和孩子谈钱，可采取的却是老师上课时的那种寥寥数语，不但让孩子听过即忘，而且还会让孩子对父母、对钱都产生一种厌恶感。

例如：有的父母经常警告孩子说，"钱不是从天上掉下来的，需要你自己去挣"（孩子还小，怎么去挣呢？你这不是废话吗）、"我也想挣钱啊，可是我挣不到啊"（不但没有说清问题，而且这种丧气话会让孩子感到泄气）、"像你这么大的时候，我已经会帮家里割草喂猪了"（现在不需要割草了，你说这话还有意思吗）等等，效果适得其反。

正确的态度是：父母要在恰当的时候、以恰当的方式，经常对孩子谈论钱的话题。这不但有助于培养他的经济责任感，而且还包括社会责任感，使得孩子心理正常、身心健康、具有清醒而理性的头脑，懂得自己今后的努力方向。

一句话，经常和孩子谈谈钱的话题利大于弊。

养儿防老提出的更高要求

俗话说："养儿防老，积谷防饥。"虽然在当今独生子女时代，"二养四"（即两个独生子女赡养四个老人）的情形非常普遍，养儿防老已显得力不从心，但这种观念说到底并没有错，尤其是在社会保障体系基本缺乏的农村就更是如此。这也是农村计划生育难以开展的根本原因之一。

在这里，我们不去纠缠养儿防老在道德学上的争论，单从经济学理论看，就不但是必需的，而且是很现实的。说得更通俗一点就是，养儿防老的关键不在于"养"而在于"教"。

这里的"教"，不但包括智商、情商、财商等方面；并且其重点还偏重于政府，即这种"教"不仅是家庭职责，更是政府职责，关系到整个中华民族的人口素质和生活质量问题。

在这其中，养儿防老对孩子的财商提出了更高要求。如果孩子将来成年后小家庭收入不高，又缺乏基本的投资理财能力，甚至结婚后全家三天两头要去父母家里蹭饭；而父母的退休工资又很微薄，或者生活在农村、连个最低生活保障都没有，一旦生了病只能听天由命，这时候的养儿防老就不但是空话，而且还成了实实在在的"养儿烦恼（防老）"！

上面提到的一系列问题，可谓积重难返，绝不要企求在短期内得到解决；作为读者个人来说，最容易做到的就是提高自己及孩子的财商，尽早学会投资理财，并把这作为最可靠的保障。

从这个角度出发，不要简单照搬国外，怕生孩子。因为中国的文化传统是亲情第一，逢天灾人祸、遭生老病死，都是亲人在陪着你一起抗过。甚至，在你去世后捧骨灰盒的也必定是长子或长孙，乱了"规矩"可是要贻笑大方甚至引发家族械斗的。

养儿防老对财商教育提出更高要求，可以从下面这则故事中得到启发。

话说有两位小伙子在同一家公司上班。一开始两个人的工资水平完全一样，可是很快，一位名叫阿诺德的小伙子青云直上，而另一位名叫布鲁诺的小伙子却在原地踏步。所以，布鲁诺不高兴了，有一天便到老板那里去发牢骚。

老板一边听他抱怨，一边在想怎么对他进行解释。

这时候正好阿诺德也来了，所以老板对他们两人说："现在刚刚上班，你们两个人分别到集市上去看看有什么可买的，然后回来告诉我。"

很快地，布鲁诺从集市上一阵小跑着回来对老板说："我看到那里只有一个农民在卖土豆，别的人早就收摊了。"老板说："那有多少土豆呢？"布鲁诺说："这我倒没数，我这就去看。"他第二次小跑着回来对老板说："问清楚了，还剩下40袋土豆。"老板继续问："这些土豆的出售价格是多少呢？"布鲁诺第三次跑到集市上去，问了价格后又迅速地跑了回来。

老板说："你也跑累了，赶快喝杯水，正好阿诺德还没回来，所以你不要走，我们一起看看他又得到了什么样的信息，等一会你一句话也不要说，光看就行了。"

话刚说完,阿诺德回来了,他对老板汇报说:"现在还只有一位农民在那里卖土豆,一共剩下40袋,价格是每公斤×元;看起来这土豆的质量还不错,所以他顺便带了一个回来给老板看看是不是需要。同时,这个农民还说,等一会他还有一批西红柿要送到集市上来,这几天西红柿很俏档的,卖得很快,我看价格还算公道,估计很快就会卖完的。我估摸着老板也会要一些,所以直接把这位农民给带来了,他现在就在外面听回话。如果老板需要,他只要打个电话,马上就可以叫人把西红柿直接送到这里来,这样我们就不必再去集市了。"

老板说:"好吧,我确实需要进点西红柿,你去把他叫进来吧。"

等到阿诺德走出门后,老板转过头来对布鲁诺说:"现在你该知道为什么阿诺德的薪水比你高了吧?"[1]

从上容易看出,同样的年龄、同时参加工作、原来的起点相同,可是阿诺德的财商就是要比布鲁诺高出一大截。虽说阿诺德现在仍然在老板手下打工,但他的工资当然要比布鲁诺高;否则,阿诺德就很可能会自立门户,或者跳槽到竞争对手那里去,这对老板来说可是个实实在在的威胁。

当然,即使老板给他较高的薪水,阿诺德也同样可能会有一天自立门户或跳槽,因为他已经具备了这样的能力和自信。可以断言,无论他将来到哪里或者是不是改行,都只有他挑老板的份,不用担心老板会开除他。

养儿防老,如果你的儿子具备阿诺德这样的财商,"此处不留爷,自有留爷处",这养儿防老就真的有希望了。可是如果相反,你的儿子只具备布鲁诺这样的财商,不但薪水上不去,而且要时刻提防老板会不会精简员工。个中差别,你可以自己去玩味。

换句话说,养儿防老对财商教育提出的起码要求是:你的孩子任何时候都只用考虑在什么时候"开除"老板,而不用担心老板什么时候会"开除"你。做到

---

[1] 布鲁德·克里斯蒂安森著、华霞译:《差别》,载《中外期刊文萃》,2005年第14期。

了这一点，这养儿防老就不用担心了。

穷人的苦恼，富人的烦恼

现在的社会充满焦虑和忧虑。无论你处于什么样的社会阶层，好像一个个精神压力都挺大的。

总体来看，穷人有穷人的苦恼，富人有富人的烦恼。虽然他们忧虑的重点不一，但都属于一种不安全感。

穷人的苦恼是，辛辛苦苦一年到头赚不了几个钱，养家糊口尚且勉强，就更谈不上什么发展、积累，没什么财富留给子女。有的就快要退休，或者干脆已经失业多年，依然一家几口蜗居在一套旧房子里。想到别人要什么就有什么，住的是洋房别墅，开的是高档轿车，连在幼儿园的孩子名下都有好几套房产，心里就觉得特别窝囊，总觉得欠妻子、子女什么似的。

而富人也有富人的烦恼。他们整天考虑的是去哪里投资更安全、更能实现财富快速增值；或者怎样把来路不正的钱，藏在一个什么地方，才不至于被人查到，甚至还要瞒着妻子、瞒着情妇，晚上睡觉也不踏实，生怕说梦话时不打自招。这些钱财他们自己肯定是吃不完、穿不完、玩不完了，但要担心到了孩子手里是否还能继续延续过去的辉煌。要不然坐吃山空，好日子终究蹦跶不了几年的。

这样的苦恼和烦恼，对孩子心理健康的影响显而易见。

国外的研究表明，富人家的孩子并非就活得开心。他们往往会自知达不到父母过高的期望，而导致精神健康状况不佳，吸毒、犯罪和进食障碍等问题突出。年收入超过 100 万元人民币的家庭，孩子患焦虑和抑郁症的比例是正常水平的 2 倍。而穷人家的孩子精神问题也正越来越突出，患多动症的孩子比例会增加 3

倍，原因在于家庭贫困会导致他们不能参加一些正常的社会活动，引发与父母及社会关系紧张，放大社会不公的感受①。

穷人的苦恼、富人的烦恼，归结到一点，就是自己的孩子在今后创造、掌控财富的能力大小。这就涉及我们通常所说的财商。

因为无论你是否有钱财留给孩子，实际上都是"输血"行为，输血终究没有造血好。就好比躺在医院里的病人，虽然因为有了及时输血才转危为安，可是这又哪里比得上平时身体好好的要紧呢？谁也不会去羡慕到了医院后有血源保证的病人，否则他就真的是个病人了。

不用说，孩子是我们生命的延续、家族的未来。他们的财商高低，是比你现在穷或者富要紧一万倍的事。

就像电视游戏节目中经常出现的一幕：一开始推出的抢答题，辛辛苦苦一道题答对才有几十分，一轮下来也不过相差几百分。但节目越是进行到后来，分值越大。有时候几百分、几千分的垫底，仅仅因为后面有一道题答错了就直接归零。孩子就永远是你后面的那道题。

从古到今，历史上有多少豪门大户在当时不可一世、富可敌国，延续到现在的还有几个呢？就是这个道理。

俗话说："富不过三代"。但这也不是必然的。如果你的孩子财商高，那这种局面虽然不能保证延续千秋万代，但至少也会尽可能地延长，而不仅仅是"三代"的事；相反，如果你不注重对孩子这方面的能力培养，孩子也不具备这方面的能力和愿望，那么用不着三代，财富到了第二代就稍纵即逝矣。中国的富豪大多面临着后继乏人的窘境，实际上这就与他们过去不懂得、不重视对孩子进行财商教育有关。

财商教育就是这样重要。你凭机遇、凭小聪明积累起来的一点财富，只有当

---

① 李文：《富孩子穷孩子，心灵更容易受伤》，载《广州日报》2014年2月8日。

孩子具有较高的财商时，才能在他手里得到发扬光大，那才算是真正的"笑到最后"。

所以，如果父母是真的为孩子好，就非常有必要在家庭教育这一"课"中，有专门的一"章"是财商教育。只有孩子从小具备必需的投资理财知识和能力，将来才会更好地自食其力，不用父母操心就可以生活得很好。

话说回来。虽说穷人有穷人的苦恼、富人有富人的烦恼，但归根到底，苦恼和烦恼的性质是有根本差别的：一个是愁钱从哪里来、一个是愁钱到哪里去。有过任何一种体验的过来人，都会对此记忆犹新甚至刻骨铭心。而这两种情形，就都可以通过恰当的投资理财来加以调节，并臻于完美。

市场经济下要敢于谈钱

我国现在实行的是市场经济，依我看来，市场经济可以简单地理解为"市场的经济"。也就是说，什么东西都可以放到市场上去衡量、掂量一番，才能确定它真正的价值和价格。

例如，商品交易有商品市场、人才流动有人才市场。商品是不是值钱，就要看商品市场上的成交价格高低；你是不是人才，也可以通过人才市场上对你的追捧程度来得到观察。关于后一点，从公众对明星的观察角度会看得更清晰。

既然市场经济离不开经济（钱），那么父母平时在孩子面前谈钱，就是最正常不过的事。要知道，许多父母是不允许这样做的，也就是说，不允许在孩子面前谈钱。

究其原因可能有两点：一是谈钱过于庸俗，所以不想让孩子过早接触到这种"阿堵物"，粘上"铜臭"味；二是不希望孩子因为钱的因素过分惦记家庭，从而影响学习。这种情况在条件比较贫困的家庭中更是常见。当然，也有一些条件特别好的家庭也会采取这种办法。

需要指出的是,"铜臭"中的"臭"字本来就有三种含义,分别是:香味、臭味、味道,尤其是在古文中,更多的是"香味"的含义。如果是这样,古人所说的"铜臭"实际上也就是今天所说的"铜香",那就更没有什么理由不可以在孩子面前谈钱了。

日常生活中常常看到,许多父母或许是因为工作、生活不顺或入不敷出,也和从小所受教育的关系,所以他们对金钱总是抱有一种恐惧和反感态度,而不是兴奋和欢快。

尤其是在经常为钱发生争吵的家庭中,就更是如此。他们只要一谈到钱,其中的一方或双方就会来气,所以久而久之,在孩子的心目中钱就不是个好东西,它就像插在父母中间的第三者那么可恶。

这种情形对培养孩子的财商非常有害。孩子如果从小就对钱有一种恐惧和不满态度,将来还怎么会以乐观、理性态度来待它呢?就好像孩子不喜欢这门学科与教这门学科的老师,就很难学好这门功课一样。

显然,前者比后者更严重。如果孩子不喜欢某个老师,下学期说不定就换了老师;可是如果孩子不喜欢钱,难道还会换种钱使用吗?或者,你还能希望他以良好的心态来管理、运用钱吗?

所以最理想的方式是,父母在家中要以轻松的口吻讨论钱的话题,尽量让孩子也参与进来,让他觉得钱就是我们家庭成员中的一分子,彼此之间谁也离不开谁,因此要和睦相处,而不是互相憎恨。

俗话说,"跟谁有仇,都不会跟钱有仇",说的大抵就是这个道理。这种介入开始得越早,对提高孩子的财商越有帮助。

举个简化了的例子来说,如果你家中现在有 30 万元余款暂时不需要用,这时候准备干什么呢?你就可以一家三口坐下来讨论这个问题了。一方面,这会让孩子觉得父母很尊重自己,把他也当作家庭成员之一(事实上本该如此);另一方面，更可以让孩子过早地接触到金钱世界，进入投资、理财领域，用"富孩子"的思维来考虑问题。

如果把这些钱存在银行里，1年期定期存款，每年可拿利息0.45万元（按基准利率计）。而如果把它用来购置一套二手房对外出租，每月租金至少可以达到1 500元，1年下来就是1.80万元，恰好是银行利息的4倍；更不用说，这套二手房永远属于你，永远可以对外出租，并且租金收入还会越来越高。相反，如果是单纯的银行储蓄，看起来每年都有利息收入，但实际上远远赶不上通货膨胀，得到的只是负收益。

这样一对比，哪怕孩子的年龄再小，也会恍然大悟的：原来，钱放在银行里只是一种"负债"，它随时随地都在掏你的口袋（表现为实际购买力下降）；而现在把它变成二手房，就摇身一变成了"资产"，随时随地能给你创造财富了！

那么，应该在多大年龄开始对孩子进行这种财商启蒙呢？2010年中国青少年研究中心举行的"少年儿童理财习惯培养研究与实践"表明，多数父母以为应该在小学高年级开始；而专家们则建议，应该提前到小学中年级就让孩子知道如何赚钱、如何消费才能满足家庭的基本生活需求，这也是这个年龄财商教育的重点。

一般认为，孩子越早接触钱、越早学会理财，长大后就越会赚钱；家庭理财教育的第一步，就是从"给孩子钱"变成"让孩子学会赚钱"，让他懂得钱是需要通过劳动才能挣到的，不可能也不应该"不劳而获"。

孩子如果经过一段时间后变得斤斤计较了、做什么都要用钱来衡量，这时候可将计就计，同样也计算父母在家里为他擦书桌、煮牛奶、做晚饭需要得到多少报酬，让他知难而退，觉得自己干的这点家务其实算不了什么。这样做，还会促使他触类旁通。

比如，孩子如果偶然提到在报刊上发表文章有稿费，那就鼓励他把学校和家里发生的有趣事情记下来向报刊投稿，或者"卖"给父母。在这一"交易"过程中，他势必就会接触到讨价还价、签订协议（包括口头承诺）等商业运作方式，对钱的概念有了更多的了解①。

2015年11月，阿里巴巴集团下属蚂蚁金融服务在北京、上海、温州三地同时针对"00后"进行财商测试，其中参与测试的温州孩子财商最高，不仅拥有基本的金钱和理财观念，而且两名男孩在现场就活学活用众筹方式合伙赚起钱来，其生意天赋令专家赞叹不已。为什么是温州男孩？这恐怕就与当地的市场经济氛围是分不开的。

可以说，当全社会不再羞于谈钱时，这本身就是时代进步的标志。素质教育的本质是"人"的教育，而财商教育正是其中必不可少的元素。

赚什么样的钱能致富

人生在世不能不赚钱，但想赚钱和能不能赚到钱并不是一回事。这也是为什么有那么多人虽然在一刻不停地赚钱，最终却富不起来的原因。因为他们不是不知道赚什么样的钱能致富，就是没有能力赚能致富的钱。

所以，父母有必要告诉孩子赚钱与赚钱之间的区别。有哪些区别呢？首先看各种赚钱（收入）的类别。

根据我国个人收入调节税征税项目，个人收入的征税类别分为以下八大类：①工资、薪金收入；②劳务报酬收入；③承包、转包收入；④财产租赁收入；⑤投稿、翻译取得的收入；⑥专利权的转让、专利实施许可和非专利技术的提供、转让取得的收入；⑦股息、利息、红利收入；⑧经国家财政部确定征税的其他收入。

---

① 林玮琳：《让孩子学赚钱，你愿不愿意？过早赚钱会变势利？》，载《广州日报》2010年3月31日。

此外还有以下九类免征税类别：①省级人民政府、国务院部委以上单位颁发的科学、技术、文化成果等奖金；②国库券利息、国家发行的金融债券利息；③在国家银行、信用合作社、邮政的储蓄存款利息；④按国家统一规定发给的补贴、津贴；⑤福利费、抚恤金、救济金；⑥保险赔款；⑦军队干部和战士的转业费、复员费；⑧按照国家统一规定发给干部、职工的安家费、退职费、退休金、离休工资、离休干部生活补助费；⑨经财政部批准免税的其他收入。

看上去是不是有些眼花缭乱？完全是。连我这个会计出身的作者写到这里时，也觉得有些口干舌燥。

然而，从普通读者角度看，上述所有收入都可以划分为以下三大类：劳动收入、投资收入、被动收入。

劳动收入的概念很明确，就是你付出劳动所得到的劳动报酬。对大多数上班族来说，就是工资、奖金、津补贴等。

投资收入就是你从财产投资中得到的收入。如你投资商品住宅或商铺，从中得到的买卖差价或出租后得到的租金收入，以及投资股票、债券、基金等得到的差价收入或分红。

被动收入就是你不必经常付出劳动或投入财产投资，就能得到的一次性收入或每期固定的收入，如出版著作得到的版税、演出收入、专利收入、偶然收入等。

在上述三种收入中，劳动收入的增长速度最慢（有的企业多年不加工资，甚至工资越来越少就是一个很好的例子），可是纳税率却最高（实际到手的现金却只有工资总额的一半左右①），并且这种劳动收入的前提是劳动付出，积累很少，甚至完全没有积累。一个简单道理是，普通打工者工作一辈子也买不起一套商品房，你说他有多少积累？

---

① 例如，如果你的月薪是 10 000 元，那么实际到手的只有 7 454.30 元，而你的老板付出的却是 14 410 元。具体参见《月薪1万，到手7 454元，钱去哪了？》，搜狐网 2016 年 2 月 4 日。

相比而言，投资收入和被动收入的增长速度快（有时候每年可以增长多少倍），纳税率低（一般不会超过20%，有的根本就不用纳税），并且这两种收入还都不需要或基本上不需要你付出劳动（你该干嘛干嘛去，并不影响你另外获取劳动收入），所以得到的完全是"利润"。

例如，在工资标准既定的背景下，劳动收入的增长与你付出的劳动时间呈正比。如果你每天上班8小时，日工资124元；那么即使每天加一个班（4小时），日工资也只有186元（实际上加班工资不是这么算的，所以不可能有这么多）。可是，你总不可能每天加班以至于24小时上班吧？

可是，投资收入和被动收入的增加，却因为与你付出的劳动时间无关，不但不需要这么辛苦，而且完全可以轻而易举地就实现收入翻番。

以投资股票为例，正常情况下一只股票1年内价格上涨五六倍是常有的事。2015年股市经历暴涨暴跌，上证指数全年上涨9.41%，涨幅最大的5只股票分别是：暴风科技上涨21.4倍、中文在线上涨21.0倍、易尚展示上涨14.6倍、乐凯新材上涨9.9倍、创业软件上涨9.4倍[1]。如果你恰好购买了上述股票，并且在这1年间没有买进卖出，"致富"容易得很。

当然，"投资有风险，入市须谨慎。"这种风险是伴随着投资产生的，两者相辅相成，正常得很。

换句话说，正是因为有这种投资风险，你才可能从中获得风险收入。如何在各种投资收入、被动收入中争取收益最大化，同时又把风险控制在自己可以承受的范围内，就需要有较高的财商了，这并不是谁都能做到的。

让孩子将来成为富人的诀窍之一，就是尽快把劳动收入积累转化成投资收入、被动收入。就好比说，劳动收入的积累是堵塞严重的普通公路，那么投资收入、被动收入的积累就是风驰电掣的高速铁路和动车。无疑，后者的速度要快

---

[1] 罗超：《沪指年涨幅9.41%，年终盘点，2015年股市N宗"最"》，载《新京报》2015年12月31日。

得多。

从这个角度看，只有在过去全社会劳动工资收入占国内生产总值（GDP）的比重较高、公民缺乏其他投资渠道时，"勤劳致富"这句话才是成立的；如果现在依然用这句话来教育孩子，就可能会笑掉大牙。"勤劳"与"懒惰"相比，要想维持基本生活尚有可能，要想"致富"又谈何容易。

然而，现在的孩子都比较"懒"，他们既不愿意"勤劳"，"勤劳"又无法"致富"；在这种情况下，要想增加投资收入、被动收入，学习投资理财知识就显得至关重要了。

规划合适的积累率

谈到投资理财，必然离不开一定的实力基础。这种实力基础有两大来源：一是自我积累，二是祖上承传。但从根本上看，还得依靠积累，即使是祖上承传的，也是祖辈积累的结果。

所以，从这一点上看，既然强调财富的重要性，就必须对整个家庭的积累率有一个恰当规划；而作为孩子来说，父母也有必要对他们讲一讲这方面的知识，让他们胸中有数。

所谓积累率，本是国民经济综合平衡中的一个概念，指积累基金占国民收入使用总额的比重。

在过去计划经济时代，有一门课程叫《财政、信贷、物资、外汇的综合平衡》，简称"四平"。"四平"理论认为，财政平衡是这所有平衡中的关键；可是，进入市场经济后，由于不再实行统收统支，所以财政收入占GDP的比重不断下降，经济运行更多地体现出非均衡性，"四平"之间的综合平衡则上升到更重要的地位。

所以我们现在一般不提积累率的概念了，耳熟能详的是投资。具体到每个家庭，积累率的概念实际上相当于整个家庭在一段时间内的纯收入中究竟能拿出多少用于投资理财，这实际上就是过去积累基金的概念。

那么，一个家庭每年的积累率究竟多少才算比较科学、合理呢？每个家庭的情况不同，所以这里不可能有具体而明确的比率。

即使是同一个家庭、同一个人，也会由于不同时期的收入水平大不相同，不同阶段具有不同的家庭任务、奋斗目标，积累率非常悬殊。

例如，对于还在学校里读书、没有工作的孩子来说，他们的所谓收入，如果不是凭自己的劳动从外部赚到的话，那么充其量不过是父母及其他长辈给他们的一种转移支付，仍然属于整个家庭纯收入的一部分。这时候对他们的零花钱就没有积累率的考核要求，如果有，主要也是为了培养他们的一种"节约""储蓄"观念。

对于大学毕业后刚刚参加工作的孩子来说，开头一两年工作还不稳定，需要东奔西走、找关系、打交道，而这时候他们的收入又低、开销却大，所以基本上不可能有积累，不伸手问父母要补贴就算不错的了。而一两年过去后，工作开始稳定下来，工资也有所提高，该买的硬件都已经添置齐全，这时候就会有所积累，并把积累率提高到一个重要位置上来。也就是说，这时候就要开始真正的投资理财了。

虽然每家每户的情况大不相同，但仍然可以从总体上找到合适积累率的一般规律。

从我国的实际看，积累率在28%左右比较合适。1958年至1960年这3年间，我国的积累率有2年在40%，所以国民经济出现一系列大问题。1980年，邓小平根据相关部门的建议指出："我们这次搞长期规划，积累率就定在25%这个杠杠上。"后来虽然有所超越，但仍然控制在30%左右。可是，最近几年来许多地方的积累率已经高达40%～50%甚至60%，这就导致地方政府债务累累了。

从全国看，2001 年到 2005 年间的积累率为 40.7％，2007 年更是超过 42％①。2013 年我国积累率在 40％左右，这就意味着当年 50 多万亿元人民币的 GDP 增量中有 20 多万亿元的积累；可是相比而言，西方国家的积累率经常不到 1％②。

这就是我们今天看到部分行业盲目扩张、产能过剩、能源资源消耗过大、环境污染严重等后果的主要原因之一。

那么，我们能够从中得到什么样的经验教训呢？我以为这主要有以下两点：

一是每个家庭都需要有恰当的积累率。

虽然这个积累率需要根据当年家庭重大收支计划进行调整，并且每家每户的情况大不相同，但泛泛而谈，也可以参照确定为 28％左右。一个国家是这样，一个家庭也大抵如此。

积累率过高，就必然会降低眼下的生活水准；积累率过低，又会使得投资理财计划的实施和效果大打折扣。

简单地想想就知道，当你购买耐用消费品需要向银行贷款时，如果每月还贷比例超过家庭收入的 50％，银行就会拒绝向你贷款，不就是考虑到这一点吗？

二是恰当的积累率有助于家庭和谐发展。

常常看到有些家庭经常为钱闹矛盾甚至闹离婚，其中的原因千差万别，但许多是可以归结到钱上来的；而在这其中，又有许多可以归结到是家庭积累率过高或过低引起的。这方面的例子太多，你自己想一想是不是这样？

合适的积累率，能够使得每个家庭及其成员都能保持合适的生活质量，同时又能注重于长远积累和发展。更重要的是，能够从中体会到是钱在为你工作、而不是你在为钱工作。而这正是所有财商教育、财务自由要达到的目标。

---

① 房维中：《每个地区都应当算算自己的投资与消费账》，载《中国经济报告》2009 年 3 月 27 日。
② 张捷：《被妖魔化的中国货币数量》，载《环球财经》2013 年 6 月 8 日。

从现金流游戏中认识钱

现金流量是会计学中的一个重要概念,简称现金流。简单地说,现金流量(现金流)是企业在一定时间里的现金及其等价物流入和流出的数量。

容易看出,这里的现金不仅仅是指我们通常所说的"手持现金",在企业中还包括"银行存款",此外还包括现金等价物,即企业持有的其他货币资金①。

现金流游戏,是20世纪90年代美国财商教育家罗伯特·清崎发明的,后来通过《富爸爸,穷爸爸》一书在我国的发行流传甚广。由于发明这套游戏的时间是1996年,当年正是我国鼠年,所以现金流游戏在介绍到我国后被起了一个中国名字叫"老鼠赛跑"。游戏的目的,就是为了让读者在游戏中轻松地辨识和把握投资机会,并努力让非工资收入超过总支出,明白实现财务自由的重要性和实现途径。

现金流游戏包括许多日常生活中与金钱有关的内容,如生孩子、离婚、失业、破产、慈善事业、税务审计、官司等。其中一些条条框框与现实并不完全吻合,尤其是和我国的生活实际相距甚远,但通过反复玩味,多少可以从中了解人生和金钱的关系,既学到金钱知识,也学到人生知识。

所以,有兴趣的父母可以和孩子一起玩玩现金流游戏。但在我看来,与此同时更重要的是注重平时的生活教育,让孩子在不知不觉间就懂得财富运动规律,以及财富和人生之间的关系是怎样的。这就是"生活即教育"的真正含义。

例如,在第二次世界大战期间,关押在奥斯维辛集中营②的一位犹太人麦考

---

① 一项投资被确认为现金等价物必须同时满足以下四项条件:期限短、流动性强、容易转换为金额确定的现金、价值变动风险小。
② 奥斯维辛集中营位于波兰南部,是20世纪40年代第二次世界大战期间纳粹德国实行种族灭绝政策的地方,关押着来自全球30多个国家的人,死亡人数110万,其中90%是欧洲各国犹太人。

尔，面对遥遥无期的集中营生活，就仍然不忘对儿子小麦考尔进行财商教育。

大麦考尔对小麦考尔说，我们现在唯一的财富就是智慧，当别人说1加1等于2的时候，你应该想到会大于3。后来，父子俩奇迹般地存活了下来，这才有了我们今天听到的财商故事。

1946年他们来到美国，在休斯敦做铜器生意。有一天，大麦考尔明知故问地说，你知道一磅铜值多少钱吗？小麦考尔回答说：35美分。这个答案显然是正确的，但大麦考尔仍然感到不满意，所以纠正小麦考尔说，作为犹太人的儿子，你应该说是3.5美元。

众所周知，1美元=100美分。大麦考尔这里之所以这样说，实际上是故意扩大了10倍，表明"1加1"不再"等于2"而是"等于20"。眼看小麦考尔不甚理解，他又追加一句道，不相信你把一磅铜做成门把试试看，准能卖3.5美元。

后来，在小麦考尔独自经营铜器店时期，不但就做过铜鼓、瑞士钟表上的簧片等小东西，还做过奥林匹克运动会奖牌，硬是把一磅铜的价值卖到3 500美元。

1974年，美国政府为了清理给自由女神像翻新留下来的废料，面向全球招标。可是好几个月过去了，一直没人应标，原因是当地政府对垃圾处理有非常苛刻的规定，弄得不好就会遭到环保组织起诉，从而得不偿失。

这时候正在法国度假的小麦考尔听说后，认为这是个很好的财富机会，所以立即终止度假，起身飞往纽约，毫不犹豫地就签下合同，并且没有提出任何附加条件。

这下轮到其他公司纷纷为他担忧，要看他如何处理这一大堆垃圾的笑话了。

只见小麦考尔组织工人对废料进行仔细分类，把废铜熔化后铸成小自由女神像、把木头等加工成底座，把废铅、废铝做成纽约广场钥匙等一系列纪念品。不到3个月时间，这堆垃圾就全部变废为宝，为他赚回350万美元的现金，每磅铜的价格上涨1万倍，一时名噪天下[1]！

---

[1] （英）卡洛琳·李：《犹太人的智慧两则》，载《农村财务会计》，2010年第9期。

这位小麦考尔就是美国麦考尔公司董事长。原来在他的脑海深处，几十年来一直深深牢记着父亲大麦考尔对他灌输的"现金流"概念："一加一大于三"。

不用说，这"大于"的部分就意味着现金的流入，即纯利润，它能令你的财富增长速度加快成千上万倍。唯有如此，你才能挤进富豪行列。

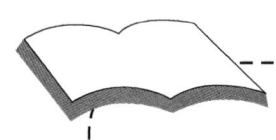

第五章

钱的价值在于运用

钱的价值在于运用。培养孩子从小认识、掌握货币运动规律很有必要。类似于"今天我当家"这样的活动非常锻炼人。要不要给零花钱、怎样使用零花钱更是一门大学问。

种瓜得瓜，种钱得钱

俗话说："种瓜得瓜，种豆得豆。"其实还可以延伸出来说："种钱得钱"。这就是资金运用的良好结果。

在中国人的概念中，大多数人不愿意和银行打交道，这种情形至今依然非常普遍。

例如，他们认为把暂时不用的钱存在银行里，还不如放在自己的床垫底下来得方便，要用的时候随时随地可以拿出来用；有些谨慎的人，则会在家庭装修时就在墙壁上凿一个暗洞，作为以后隐蔽存钱之用。

每当遇到家族中有人急需用钱的时候，兄弟姐妹、亲戚朋友就会纷纷从各自他们自以为安全的地方掏出钱来调剂、支持；如果实在没地方借到钱，则会想到把家中值钱的东西先拿去当掉，宁愿付高额利息，把当铺当作银行的替身。

不用说，这些人基本上都是"穷人"。他们不知道银行是怎么运作的，甚至根本不相信银行。当他们不得不去银行的时候，和制服笔挺的工作人员打交道会感到浑身不自在。在他们的脑海中，银行就是存钱的地方，"钱存在银行里最安全"；相反，如果要从银行借钱就不好了，至少也是遇到了什么大麻烦。

其实，对于这些人来说，"从银行里借钱"可能是一件好事，相反"往银行里存钱"则可能是一件糟糕的事。

首先，我们这样想：现在以银行为代表的金融机构效益很不错、员工薪酬也高，是真正的"银饭碗"。可是，银行又是怎么赚钱的呢？正如大家知道的那样，银行的主要功能是"存钱""放贷"。它一只手去接储户存进来的钱，付给储户较低的利息；另一只手把这些钱再贷出去，收取客户较高的利息，从中赚取存贷款利息差。这是银行收入的主要来源，当然，除此以外各种手续费也是重要的收入渠道。

从中容易看出，银行实际上是资金运用高手，而如果你也能学到这一招（当然不一定要开银行），同样能从中获取银行那样的投资收入。

也就是说，如果你不是把钱存在银行里获取较低的利息收入（这些利息收入远远抵不上通货膨胀，实际上表现为负利率），而是相反，从银行里借钱出来用于其他投资项目（当然其投资回报率比银行贷款利率要更高），你就能从中获得与银行存贷款利率差一样丰厚的收入。

举一个简化了的例子：根据现行银行存贷款基准利率标准，储户把 1 万元现金存入银行，每年可以得到的利息收入是 $10\,000 \times 1.50\% = 150$（元）；而银行把这 1 万元转手贷给某个企业或某个人，收取的贷款利息是 $10\,000 \times 4.35\% = 435$（元）。这样，银行就获得了 285 元的息差收入，相当于年投资获利率 2.85%。

容易看出，银行把你的这笔钱转一转手，得到的年投资回报率比你要高得多（$4.35\% \div 1.50\% - 1 = 190\%$），相当于储户投资回报率的 66.6 倍。明白了这一点，就知道为什么银行要拼命揽储了，基数越大获利越多。

而现在的问题是，如果你不把这 1 万元存入银行拿利息，而是用于投资、经营，就可能会获得比储蓄高得多的回报率。

假如你把这 1 万元用于投资，1 年下来得到 4 000 元获利，就意味着你的年投资回报率是 40%，比放在银行里拿利息要高出 $40\% \div 1.5\% - 1 = 25.6$ 倍（或者说是高出 38.5%）；即使这 1 万元你是从银行贷款得来的，需要付出 4.35% 的贷款利息，年投资回报率依然会高达 $40\% \div 4.35\% - 1 = 8.2$ 倍（或者说是高出 35.65%）。

从中可以发现一个简单的道理，那就是钱的价值在于运用（投资）。如果你有钱不用（存在银行里拿利息），虽然也能得到微薄的收益，但总的来说财富是在不断缩水的；而如果你善于投资，那就可能会几倍、几十倍甚至几百倍地提高你的收益率。

这时候你的投资行为，其实和银行运作一模一样；换句话说，这就相当于你自己在家里开了一家"银行"，又哪里还用担心不财源滚滚呢！

附带提醒的是，这里的存贷款除了观念之外，还与有没有合适的投资渠道、方式息息相关。换句话说，从银行贷款用于投资、经营的关键，在于其回报率要高于贷款利率，否则从财务上来说是得不偿失的。

资产和负债的角色互换

"资产"和"负债"是会计术语。会计人员每个月都要编制"资产负债表"，这是所有会计报表中最重要的一张表，主要用来反映这个会计主体（企业或组织）当时的资产、负债和所有者权益现状。

会计学上的严格定义是："资产"是指拥有的各项财产、债权和其他权利，"负债"是指未来向债权人交付"资产"或提供劳务的经济责任。这话看起来比较深奥，读者可以简单地理解为："资产"是能够为你赚钱的东西，"负债"则是需要你用钱的地方。明白这一点就够了。

例如，如果你家里有一套多余的住房对外出租，你每个月可以由此收到房租，这房租当然是给你创造的收入了，那么这套住房就是你的"资产"（通常称之为"房产"）。

如果你家里有两台电视机，由于这两台电视机是供你娱乐用的，不但不会创造收入，而且还要经常用钱，如坏了需要维修，即使是正常使用，每天也会折旧、需要耗电，这就是你的"负债"。

所以，这里的"资产"和"负债"概念，和我们平常所说的"家当"不完全一样。通常来说，某人家里的"家当"多，就表示他家"有钱"，理由是他家的资产比别人多。其实，这些"家当"里面既有"资产"也有"负债"，更多的时候是雌雄同体——既是"资产"，也是"负债"。

例如，上面所述的这套对外出租的房产，如果其租金收入还不够房屋维修、折旧、当初原始投资的利息收入，这时候就无法从中获得真正的收入，这时候这种"资产"实际上就变成了"负债"。

进一步展开说，目前国际上用来衡量房产投资价值的标准通常有两个：

一是银行存款年利率加5%。例如，如果现在的银行存款年利率是1.5%，那么你对外出租房屋的租金净收入至少应该达到当初原始总投资额的1.5%+5%＝6.5%，才算持平。如果你当初购买这套住宅总共投资50万元，那么你现在的年租金收入应该在50×6.5%＝3.25（万元）折合月租金2 700元以上①，一般认为才可以把它叫作"资产"，否则就是"负债"。

二是房产原值总投资的15分之一。例如，你当初购买这套住宅共投资50万元，那么你现在的年租金收入应该达到50÷15＝3.33（万元）折合月租金2 778元，才能确定这套房产是"资产"而不是"负债"。

在一般人眼里，的的确确属于"资产"的房产尚且如此，就更不用说容易混淆概念的其他项目了，如装修、家具、小轿车等高档用品，以及家用电器、手机等低值易耗品。因为它们都不能给你带来收入、只能增加你的耗费，所以只能被称为"负债"。如果你把这些也称为你的"资产"（家当），就犯了概念性错误，是可笑的。

用钱的秘诀之一，或者说致富秘诀之一，就是要尽可能多地添置"资产"而不是"负债"。也就是说，当你家中购买的物件中能够为你创造收入而不是时不时要花掉你几个钱的物品越来越多时，你才会变得越来越富。

这样的例子在生活中司空见惯。我有两对邻居，他们的家庭环境极其相似，

---

① 为计算简便起见，这里不考虑利息税因素。

但由于选择的"资产""负债"项目不同,最终导致贫富悬殊差别极大。

两对夫妻都是在某风景区工作的普通员工,上班较远,但有班车接送,工资收入一般。

2005年的时候,他们两家大约都有15万元存款,存在银行里吧不甘心,添置点东西吧又不知道买什么好,最终高君家买了辆小轿车,理由是,同事中许多人都买私家车了,不买别人会觉得自己太寒酸;章君家买了一套96平方米的商品房,当时的房价还不到每平方米3 000元,所以只是稍微贷了一点款。

10年过去后,高君家的轿车早已玩完,又买了一辆新的更好的,否则颜面上过不去,每年的积蓄也都变成了汽油费;章君家搬进新房后,把原来的一套住宅用于出租,既改善了自身居住条件,每月又有一笔2 000元的房租收入。虽然至今没有买私家车,但已不是买不起的问题了,而是觉得没车也没什么不妥,偶尔出行打个车也很方便;更没有被人看不起,相反还经常有同事夸他们"有头脑"。

从家庭总资产看,两家现在至少相差150万元。更不用说,除了资产概念,钱的作用更在于要运用得当,即要学会做金钱的主人而不是奴隶。

一对法国夫妇是这样做的:他们为一对龙凤胎儿女各自设立了3 000欧元的"独立账户",让他们自由支配这些零花钱。一段时间后,儿子的账户上只剩下1 800欧元,而女儿的账户上却还有2 500欧元。这时候,他们就没有简单地褒贬,而是一起进行分析:儿子虽然有两次"超前消费"行为,但总体是在合情合理范畴之内,更重要的是从中享受到了生活的乐趣;而女儿"勒紧裤腰带过日子",连必需的学习用品也舍不得买,更不肯花钱出去娱乐享受,所以总体上生活质量不如弟弟[1]。

经常对孩子进行这种有针对性的案例分析,孩子就知道了应该如何规划、如何消费、如何把钱用在刀刃上。

---

[1] 大卫:《世界各国财商教育一览》,搜狐网2016年3月1日。

母鸡下蛋和公鸡打鸣

钱的价值在于运用,如果离开运用,无论多少钱都将一"钱"不值。就好比说,我有100万元存款,你有1 000万元存款,规定无论什么情况下都不准动用,这实际上就表明无论我的100万元还是你的1000万元都等于0。

道理是明摆着的,但钱怎么用,却非常有讲究。通俗地说就是,有的钱会越用越多,有的钱则越用越少。这就又涉及本书前面所说的"资产"和"负债"概念上来了:如果你的钱体现为"资产",那就会越用越多,因为"资产"会增值;如果你的钱体现为"负债",就会越用越少,因为"负债"本身就意味着一种剥夺和扣除。

如果这样说你还不明白,那么你不妨想一想母鸡下蛋和公鸡打鸣这两种不同行为,也就一清二楚了。

我从小在农村长大。农民家里孵出的一窝小鸡,一过青春期首先砍头的必定是公鸡而不是母鸡。特别是有个时期"割资本主义尾巴",每家每户只许养一只鸡,那么就更是非养母鸡莫属了——全家都指望着靠它下的蛋去换盐和酱油哪!

如果是养一窝鸡,通常情况下是只留一只公鸡,其任务是天亮给人报晓,相当于闹钟功能(那时候谁都没有钟表);当然,也是作为种鸡留用的。只要条件许可,农民总会尽量把母鸡养着下蛋。

养鸡需要人工喂饲,所以农民需要算一算喂食的经济账,才能据此控制母鸡只数规模;即使幸存下来担当下蛋重任的母鸡,也不会养得太肥,鸡屁股太肥的鸡是不会下蛋的,既浪费钱(饲料),又达不到目的(下蛋)。即使到最后不得不杀母鸡,也会首先从不下蛋的母鸡开始杀起。

也许农民并不懂得什么经济学原理,也不知道什么叫财商教育,但显而易见的是，上述做法非常符合本书前面所说的"资产""负债"特征——会下蛋的母鸡是"资产"，它所下的蛋就是给你带来的投资回报；而不会下蛋、只会打鸣的公鸡虽然报喜不报忧也只是"负债"，当它发育成熟后，再怎么给它喂食都不会长个子、增体重了，如果不是为了要派报晓、传宗接代的用场，这时候就相当于你只有投入、没有产出。

所以看到，哪怕是一字不识的农民，他都绝不会倒过来做。一年又一年，鸡群年年更新，年年都是这样。

联系到财商教育上来。父母有必要告诉孩子的是，就像杀公鸡、养母鸡一样，如果要想个人财富不断增长，今后就应该把资金积累中的大部分用于购买"资产"而不是"负债"（尽可能养母鸡而不是养公鸡）。

也就是说，家庭积累要尽量用于投资而不是消费；如果要消费，也要尽量用你的"资产"所创造的收益去消费。这样，你的"资产"数额才会像滚雪球一样越滚越大。

就好比说，能够给你带来投资回报的"资产"，就像下蛋的母鸡；而"负债"则只能从你的口袋里掏钱出去。公鸡打鸣虽然好听，但至多是"精神文明"，不是"物质文明"。

与此同时，要注意的是，即使"资产"也有不同种类，要通过不断学习尤其是专业训练，有针对性地、不失时机地购买投资回报率高的"资产"。这里面的学问大得很，限于篇幅，下面只举一个简单例子加以说明。

众所周知，中国人在投资理财方面比较保守、储蓄率高，自始至终手中的现金（包括储蓄）比较多。这一特点非常有助于抗衡金融风险，却没有发挥现金为王的应有作用。

每当经济不景气时，"现金为王"的观点就特别盛行，但这并不表明就把钱存在银行里拿利息、不敢去投资。正确的做法是，反其道而行之，才能体现出现金为"王"的风范来。

因为经济发展是有阶段性的，只有在经济不景气时进行投资，才能为下一轮成长期的良好获利打下基础，从而实现投资获利最大化——让母鸡下更多的蛋。

例如，某股票1年前的价格是每股50元，你没有买股票，而是把这50元钱存在银行里；一年后的现在该股票已经跌到每股25元，你这原来存在银行里的50元这时候则已经变成了50.75元；如果这时候你继续存在银行里，而不是拿出来买股票，那么现金为王的"王者"功能就无法得到体现。相反，如果你把这50.75元拿出来买股票，只要将来该股票价格重新回升到每股50元，就意味着你已经有了100%的获利回报。

当然，这里的股票是个比喻，其他如企业、厂房、土地、机器设备、企业破产后的残余资产，甚至养儿育女，等等，都是如此。

所以你能看到，越是贫穷的地方越喜欢生孩子，因为他们养育孩子的成本更低；他们的孩子将来只要如果能到富裕地区去打工，取得与富裕地区劳动者相同的劳动收入，其"回报率"实际上是很高的。

让孩子学当董事长

不论过去还是现在，学校老师都会给孩子布置一些诸如"今天我当家"之类的作业，要求孩子在家里帮助父母做家务、安排一日的家庭开支等。实际上，这正是培养孩子财商的好方法。每当遇到这样的作业时，请父母不要敷衍了事，更不要省略这个环节蒙混过关。如果是这样，孩子实际上就失去了一次很好的财商教育、锻炼机会。

可以这样说，小时候经常得到这种训练的孩子，将来的财商更高，更适合担当企业管理工作，更容易取得成功。

所以我建议，经常让孩子在家里学学当"董事长"——每个月可以固定一天，让孩子安排当天全家的生活伙食、工作娱乐、费用开支，一头扎进现实社会。如果条件合适，还可以从每个月的"1天"延长到"1星期"或"10天"，如孩子的年龄稍长、又处在寒暑假，就可以这么做。

既然孩子是"董事长"，那么父母的身份就只能是"董事""监事"，有责任协助"董事长"开展工作，但也有义务听从"董事长"的安排。所以，当出现"董事长"的安排不尽合情合理时，要尽力配合，久而久之他就知道该怎么做了。

至于"董事长"的权限（资金规模），可以根据具体情况来定，主要是看家庭的经济条件、父母的心理承受能力以及财商教育的目的。从前两者看，假设这笔钱被孩子"乱花掉了"也不至于影响正常生活，就在可以接受范围之内。从财商教育目的看，如果是让孩子接受一般的理财知识，那让他掌控几元、几十元、几百元资金是合适的；如果你希望孩子长大后接管家族几千万元甚至几个亿元的家产，那给他几万元甚至几十万元资金作为"实习"费用也无不妥，甚至更能在锻炼他财商的同时也锻炼其胆量。

关于这一点，国外的父母比我们做得好，这也是国外的大企业、大企业家层出不穷的原因之一。这些未来的企业家从小就得到了很好的财商锻炼，这一点功不可没。

例如，1954年英国有位名叫理查德·布兰森（Richard Branson）的4岁男孩，被母亲从外面开车带回家时，在离家还有几公里处，就被突然告知需要自己走回家，目的是锻炼他的独立处事能力。虽然面对一望无际的田野，理查德·布兰森根本不知道何去何从，但毫无疑问，经常给孩子进行这样的训练，非常有助于提高他的独立生活能力和财商。

所以，理查德·布兰森小时候想吃饼干时，就会想到把父母送给他的一部玩具电动车进行改装，然后对小朋友们卖门票：只要给他2块巧克力饼干，就可以观看他的改装车。结果，一连半个月，他每天都有吃不完的饼干。

17岁时，他看上面广量大的学生群体，用妈妈给他的4英镑钱做本钱，在一个狭窄的地下室里创建了一本名叫《学生》的杂志，进行企业化运作。结果怎么样呢，这本杂志的发行量一度高达 20 万份。

20 世纪 80 年代，他创立了拥有 200 家分公司的商业王国——维珍集团，投资范围遍及婚纱、化妆品、航空、铁路、唱片、手机、电子消费产品甚至安全套，成为英国最大的私营企业，个人财富超过 42 亿美元。

毫无疑问，"董事长"必须具有良好的经营头脑，而经营头脑的培养则要从小做起，越早越好，越早越自然。在这方面，美国人的教子方法值得推崇。

一天傍晚，美国一位快餐送货员把一盒快餐送到顾客家里。开门后出现的是一位年轻的父亲，手里抱着一个小男孩。小男孩手里举着两朵野花，一朵黄的，一朵白的，奶声奶气地问"你要哪一朵？"售货员脱口而出："好漂亮呀！"

小男孩在父亲怀里踮起双脚，把手里的花尽量举得高一点，重复道"你要哪一朵？"售货员随口答道："就来一朵黄的吧。""25 美分。""什么？还真的要付钱呀？"售货员有点意外。小男孩坚定地说："请你为这朵美丽的花付 25 美分。"

这下售货员听清了。小男孩满脸兴奋，而一旁年轻的父亲则一言不发，默默注视着这一切。

"好吧，拿好了，这是 25 美分。"售货员递上一枚硬币。

"谢谢！"小男孩因为刚刚达成一笔交易兴奋得满脸通红，随即情不自禁地雀跃起来。

这时，年轻的父亲将 30 美元付给售货员，说，"请收好，不用找了。谢谢您成全我儿子的第一笔生意。"

售货员接过钱，一算，这盒快餐的价钱是 24 美元，送费 2 美元，一般顾客的小费是 2 美元，余下的 2 美元显然就是刚才他购买这朵野花而得到的"贸易补偿"了。

临别时他追问一句："小朋友多大了?"年轻的父亲回答说,"下个星期就2岁啦!"①

相比之下,我国的父母不但不可能这样做,而且还会严厉地批评孩子,只是如果孩子太小才会放他一马。不用说,在这种环境下长大的孩子,久而久之就会失去"经营"能力,把自己定位于打工仔身份。

因为他们的财商不但没有受到历练,而且还处处受到扼杀,所以成年后就不知道该如何处理投资理财,只好一门心思去"找"工作了。

让孩子成为合伙人

这里的"合伙人"是一个法律概念,指投资组成合伙企业、参与合伙经营,依法享受权利并承担义务的组织或个人。

当然,这里所说的让孩子成为合伙人,并不是要孩子真的去投资、管理什么企业,而是指让他抱着这样一种心态来参与家庭事务管理,从中受到教育和锻炼。

道理很简单,当今社会越来越强调合作。尤其是独生子女时代,孩子如果缺乏这种合作精神和合作心态,将来可能会一事无成。所谓"独木难成林",说的就是这个道理。

做人是这样,做事、投资也是如此。你向亲朋好友或银行借贷用于投资,难道就不能看作是一种合作行为吗?

合伙人意识的精髓是尊重别人。懂得尊重别人、处处尊重别人,这样的孩子将来才会占得财富先机。

---

① 严行方:《家长不可不知的36个关键词》,四川少年儿童出版社,2006年,第86页。

在这方面，美国钢铁大王安德鲁·卡内基（Andrew Carnegie，1835—1919），就是一个非常典型的例子。他在这方面很有一套，这也奠定了他以后的成功和辉煌。

安德鲁·卡内基10岁左右时，养了一只母兔做宠物。没过多久，这只母兔生了一窝小兔子，他既兴奋又苦恼。

苦恼的是，兔子要吃草，可是他没有足够的零花钱雇人割草，所以就对周围的小朋友们说，欢迎大家"认领"这些小兔子。只要你割草给小兔子吃，这只小兔子就可以用你的名字来命名。这样一来，本来是局外人的小朋友们个个欢呼雀跃，踊跃参加到合伙喂养小兔子的行列中来了。

不容否定，这种做法目前已经是非常普遍，并被广泛应用在慈善事业和希望工程中。可就在160年多以前，一位只有10岁的小孩想到了这一点。

他相信，每个人对自己的名字都非常在意，并且有一种特殊的感情，只要好好利用这一点并加以尊重，就可以得到自己想要的东西，并把它变成财富。

在后来的事业发展过程中，安德鲁·卡内基经常利用这一特点与人合作，屡屡取得巨大成功。

例如，有一次，安德鲁·卡内基在与布尔门铁路部门竞标太平洋铁路的卧车合约时，因为双方是竞争对手，所以互相压低价格，到最后已经两败俱伤，无论是谁拿下这个项目都已经没有多少钱可赚了。

这时候，他找到了对方进行了一次开诚布公的会谈，顺便提出了双方是不是可以进行合作。而实际上呢，这时候对方也正有此意。但众所周知，合作必定会涉及一系列的具体问题，例如谁掌握主动权、新公司叫什么名称等。

不出所料，布尔门马上问他"如果双方合作新公司叫什么名称？"这时候的安德鲁·卡内基脑海中立刻浮现出小时候对外"认养"兔子的事，立刻回答道："当然就叫布尔门卧车公司啦！"可想而知，双方马上就顺利达成了合作意向。

类似这样的例子很多，有时候安德鲁·卡内基会做得更绝，体现出他高超的经营技巧和财商。

有一次，他在美国宾夕法尼亚州的匹兹堡建造一家钢铁厂，专门生产铁轨，这种铁轨主要销售给宾夕法尼亚铁路公司。钢铁厂建成后，安德鲁·卡内基特别要求用宾夕法尼亚铁路公司董事长的名字来命名。

宾夕法尼亚铁路公司的董事长叫汤姆生，不用说，他在以后的铁轨采购中毫无疑问会优先选择这家以他名字命名的"汤姆生钢铁厂"的产品。但这样一来，就保证了安德鲁·卡内基旗下的这家钢铁公司的基本业务，这种经营手法令人拍案叫绝①。

安德鲁·卡内基从身无分文的移民，到最终成为一代"钢铁大王"，与美国"汽车大王"福特、"石油大王"洛克菲勒齐名，历时几十年保持着全球最大钢铁公司的地位，几乎垄断了美国的钢铁市场，成为当时的全球首富。

顺便一提的是，安德鲁·卡内基小时候家里非常的贫困，可是他却十分赞赏他祖父那种不屈不挠的精神和机智幽默。作为长孙，他取了一个与祖父完全一样的名字，并为此感到终身自豪。至于他在创建钢铁公司后，把公司用自己的名字命名，称之为卡内基钢铁公司，则可以看作是故伎重演。

怎样给孩子零花钱

要不要给孩子零花钱，这是几百年来一直争论不休的话题。而实际上，这也没有标准答案，因为每个家庭的情况千差万别，所以对子女的培养目标、教育方式也各有千秋。

父母给孩子零花钱，实际上体现为父母（家庭）对孩子的一种转移支付。在会计核算上，财政转移支付的方式有三种：按计划拨款、按项目拨款、按进度拨

---

① 《把"名声"送给别人》，载《文学与人生》，2013年第9期。

款；体现在给孩子的零花钱上，也大抵有这样三种方式：按照小家庭和大家庭商讨的结果给孩子零花钱、孩子在家里完成某项劳务赚到的零花钱、每月或每星期固定或不固定地给孩子零花钱。除此以外，其他长辈、亲戚、朋友也可能会给孩子礼金的。

当然，也有的家庭不给孩子零花钱，而是当孩子有需要时才实报实销，虽然这种实报实销也体现为一种零花钱方式，却不是这里讨论的范围之内。

在给孩子零花钱的家庭中，非常困惑的是要不要强调这些零花钱是用来购买孩子的劳务或表现上？应该说，两种方法各有利弊：

如果不是根据孩子的表现给零花钱，孩子就会觉得这是自己"理所当然"得到的，和业绩无关；如果根据孩子的表现给零花钱，孩子又会觉得自己好像是家里的"雇员"。

特别是现在的孩子很机灵，他可能会马上提出两点看法：一是他发现其他家庭成员如爸爸或妈妈也做家务了，却没有得到应有的报酬，或者没有人给报酬，所以指责"不公平"；二是当他觉得不合自己心意时，就放弃这种表现，我不干了，钱我也不要了。例如，你叫他做这个能得到5元钱，他就会以自己现在"不高兴"而拒绝，大不了不要不这5元钱，甚至会说自己的零花钱足够用了，就不愿意干，这时候你怎么办？

应该说，这样的问题在全球各国普遍存在，一直纠缠不清，但又不可能找到所谓的标准答案。

一般认为，从财商教育角度看，在给孩子零花钱和不给零花钱的两种方式中，以给零花钱为好；而给零花钱究竟要不要看孩子的表现，以根据孩子的表现给零花钱为好。

因为这会让孩子觉得，这种"付酬"有利有据，师出有名，不是父母随意"恩赐"的，以后在使用中也会更加珍惜自己的"劳动"成果，更符合通过零花钱锻炼孩子理财能力、承担个人财务责任的本意。

不得不指出的是，无论给不给零花钱，有些孩子就是认识不到他们应该为家庭或这个社会做点什么，或者对钱看得很重，或者满不在乎。

关于这一点，在不同家庭中非常悬殊，总的来看和家庭熏陶有关。所以经常会看到，有的孩子"天生懂事"，有的孩子"天生不懂事"，差别就在这里。

例如，有些事情应该是孩子自己做的，可是在实行了零花钱政策后，却不愿意自己做，而是要父母帮忙；或者趁机要挟父母把这也划入"有偿付酬"的范围。

举个最简单的例子来说，孩子已经会自己吃饭了，就是犟着不吃，希望你喂给他吃；如果你要他自己吃也行，得"付钱"来买。这时候怎么办呢？许多父母便会软下心来，央求他自己吃。父母的想法是：不管怎样，这能锻炼他的自我动手能力，而至于钱嘛，虽然在孩子身上，但也同样在自己家里，不碍事的。再说了，换个角度看，就算是我"奖励"你自己吃饭的总行了吧？

不用说，当出现类似情形，父母就要清醒地认识到，这时候你们已经被孩子用零花钱绑架了。无论你是不是找到"奖励"的借口，只要首先是孩子提醒你这样做的，或者你是被迫这样做的，就表明你被绑架了。

这是一种非常危险的信号，这表明你正在把原本属于自己的控制权慢慢地交给孩子，任凭他怎么使用。遇到这种情况，虽然我不能要求你一定要怎么做，但有以下建议：

首先，明确每个人的个人事务范围。无论孩子还是父母，个人事务是不可能、也没有地方能得到报酬的。例如每个人的吃饭、穿衣、叠被、洗脸刷牙、收拾碗筷间谁去要报酬呢？

其次，明确每个人的家庭和社会责任。无论孩子还是父母，应该做的家庭事务和社会责任都是不计报酬的，例如孩子在家里给父母敲背、在外面给陌生人指路等，就不能谈报酬。

再次，明确父母希望孩子达到的目标。例如，可以根据孩子的年龄、性格、喜好，在上述个人事务和家庭、社会责任外，划出一块不计报酬的范围，明确这是他应该做的，以防受到要挟。

最后，鼓励他们额外创收。也就是说，不要总局限在有关他个人和家庭的事务上谈零花钱，而是启发他进一步思考，提出他认为可以开发的创收项目，越有创意越好。

在这里，非常重要的是两点：

一是要充分与孩子协商，这本身也是一种教育方式，通过协商讨论的方案更容易得到执行，更具有效力；

二是鼓励孩子提出创收项目，鼓励他在项目完成后及时向父母讨债。不用说，这实际上是在培养孩子的创业、开拓、企业家精神，这样的孩子将来踏上社会后，取得财务成功的机会更大。这样的零花钱花得再多，父母也是乐意的。

怎样合理使用零花钱

给孩子零花钱的主要目的，在于让孩子学会安排必要的费用支出，好让他负起应有的财务责任来。父母大抵上都知道这一点，只是往往疏于管理，最终导致事与愿违。

一个简单的道理是，无论孩子有没有属于自己的零花钱，他们将来长大后都要面对家庭、面对社会负起应有的财务责任来。如果从小就有权支配一些零花钱，将会是一种很好的锻炼，这样的孩子长大后更适合充当企业经营、管理人才，更适合创业，因为他们更善于找到成功的财务解决方案。

现在的问题是，这种锻炼一要有机会，二要有科学指导，三要有如期效果。当然，由于孩子年龄大小不一，这方面往往考虑不到那么远，所以父母及其他长辈就有责任教他怎么做。

要做到这一点，父母怎样向孩子解释零花钱的概念、规范零花钱的使用，就显得非常重要，绝不能让孩子认为零花钱是父母"理所当然"给他的，因为别的孩子也有，所以自己就"也应该有"。

例如，有这样两个家庭：一个家庭的父母对孩子说，"这个星期你学习很努力，在××比赛中得了奖，在家里能每天帮父母擦桌子、端凳子，我们对你的表现很满意，所以奖给你每个项目20元钱，共100元。如果你以后继续这样努力，每个星期就都能得到这些奖励。"

而另一个家庭的父母对孩子说，"听说你的同学××有零花钱，×××也有，所以我们从现在开始每个星期给你100元零花钱，你自己看着办，要用的时候就用。"

很显然，前者的孩子知道他的零花钱是怎么来的，所以会进一步努力，争取每个星期都得到这样的奖励。这不但是钱的问题，更是一种荣誉。而后者的孩子会认为，他得到这些零花钱是"理所当然"的，因为其他的孩子也有；说不定还会嫌少，因为横向比较后总会有一些孩子的零花钱数额比他高。并且，父母对他怎么使用这些零花钱没有要求，所以容易导致他在和同学攀比中乱消费，最终反受其害。

从上面的例子中容易看出，孩子的零花钱能不能真正发挥作用，在每个家庭中完全不同，关键在于孩子的价值观。

一份调查表明，在现在的小学生和初中生中，77％的孩子感到自己的零花钱"不够用"，18％感到"勉强够用"，认为够用的只有5％。并且随着年龄的增长，孩子对零花钱需求的胃口也越来越大。而这些零花钱究竟用到什么地方去了呢，这正是他们的父母所关心的。

调查表明，小学生的零花钱主要用在了购买零食、小玩具和文具上；从小学高年级开始使用范围急剧扩大，生日聚会时邀请同学去歌厅唱通宵、请客送礼的比比皆是。有的是父母不知道，有的是知道了也没办法，因为大家都这样，最后只好被迫同意；孩子们也在攀比，觉得这样自己也挺有面子。

但显而易见，在了解了有关财商知识后，父母就应该明确，一旦孩子有了"收入来源"，就要帮助他树立起"资产""负债"的概念来，了解基本的财务知识，慢慢学会承担相应的财务责任。

只有这样，才会在克服"零花钱是我理所当然得到的"同时，正确引导孩子合理使用零花钱。如果孩子有了零花钱却不知道怎么花，就很难发挥零花钱的应有作用。

在这其中，很重要的一点，是要和孩子一起确立财务目标，也就是说接下来这个月、这1年中要办成哪几件"大事"。

要知道，这种一起和孩子研究、讨论计划的过程，不但对孩子是一种尊重，更重要的是本身就在教他们怎样制定并实现财务目标。当这个目标最终实现时，孩子会从中受到极大的鼓舞，很有成就感。

例如，银行家周蕾蕾有一对双胞胎儿女，2015年的一天，双胞胎姐姐希望能有一台iPAD，这时候父母便和她一起筹划：买一台iPAD一共需要多少钱？怎样才能筹到这些钱（引导她不是单纯向父母讨，而是通过自己的劳动付出来挣钱，这体现了前面所说的钱的交换功能）？对于小学4年级的孩子来说，最合适的挣钱方式当然就是做家务了。于是，在商定了洗一次碗多少钱、洗一次衣服多少钱的"价格"后，姐姐为了能争取早日凑齐这些钱，爱上了做家务劳动，并且已经坚持1年多了，一直到现在。而另一名双胞胎弟弟则喜欢玩电脑，所以也通过做家务来争取每次10分钟、15分钟的电脑游戏时间。一时间，姐弟之间还形成了比学赶超的竞赛局面。

可以想见，当这位姐姐最终能够用她自己的劳动所得，买到梦寐以求的iPad后，一定会很有成就感，甚至会到处宣扬"这是用'我自己的'钱买的"。

这种自豪感对孩子的健康成长和财商培育所起到的积极作用，怎么形容都不为过。

顺便一提的是，在许多情况下，可以把孩子的压岁钱当作他零花钱的主要来源。现在的孩子物权意识提高了，在学校里还有普法课，于是许多父母感到这些孩子"不好骗"了，想挪用或没收压岁钱连"门"都没有。一些孩子收到压岁钱后，晚上必定要点完钞票后才肯睡觉，一大早又会兴奋地从枕头底下拿出来复核一遍才肯去洗脸刷牙。在这种情况下，父母如果要来"硬的"没收压岁钱很可能会产生不良后果。2015年2月，安徽一名9岁男孩因为数千元压岁钱被父母收走，怀疑是拿去赌博的，气愤之余决定离家出走，幸好在火车站买票时被民警截住①。

从法律角度看，孩子收到的压岁钱性质属于赠与财产，所有权理应归属孩子。如果孩子年龄太小，父母用孩子的名义帮他存在银行里是比较恰当的；如果用"礼尚往来"归结为这是属于家庭财产交换的一部分（认为属于父母），这在法律上是不成立的。至于现实生活中多数压岁钱会交给父母保管或使用，这也是一种"情分"而不是"本分"。尤其是一些父母以防止孩子乱花钱为由、把孩子的压岁钱收归自己去"乱花"，那就更是"只许州官放火、不许百姓点灯"了，堪称财商教育的恶例。

既然如此，为什么不名正言顺地把本该属于孩子的压岁钱作为他的零花钱、"全额拨款"或"差额拨款"给他使用呢？

---

① 张瀚、李萌：《9岁男孩以为父母挪用自己压岁钱打牌，离家出走》，载《安徽商报》2015年2月25日。

第六章

发现孩子的天赋

每位父母都希望自己有钱,同时也希望将来孩子有钱。而有钱是会遗传的。为此要根据孩子的天赋因材施教,缺啥补啥。兴趣是最好的老师,点拨孩子的理财兴趣很重要。

有钱人是会"遗传"的

我们常常可以看到，现实生活中好像有一种有钱人会"遗传"的现象。父亲或母亲有钱，子女也会有钱，甚至带动子女的子女、子女的朋友也有钱；兄弟姐妹成年后一个人有钱，会带动其他人有钱；家族中一个人有钱，会带动其他亲戚朋友一起有钱。正所谓："一人当道，鸡犬升天。"

不用说，这里的遗传是一种比喻，不是生物学上的概念，但又和生物学概念上的遗传不能完全割裂。

究其原因，主要有以下三方面：

一是一个家庭经济发达了，会带动其他兄弟姐妹、亲戚朋友共同致富。特别是在我国，家族裙带关系牢不可破，创办实业往往需要整个家族一起做，所以在一些加工区，兄弟姐妹、亲戚朋友之间往往就形成了上下游产业链。其中，只要有一个人当上大老板，方圆几十里会冒出一系列小老板来；大老板可能是亿万富翁，一个个小老板至少也是百万富翁。

二是在上述这些人中，经济上虽然没有密切联系，各做各的，可是产业链上却联系紧密、思想上相互启发。在这样的大环境下，仅仅受环境熏陶和影响，就可能复制成功。

三是"老子英雄儿好汉"。自己赚钱了，年老体弱后退出，把现成产业交给下一代去经营管理，子承父业。这种形式更简单，也更直接。当然，其结果也是有好有坏的。

从上可以看出，在每一个孩子身上，有钱的天赋主要表现在他是不是生活在富人圈子里，像富人一样思考；或者直接得到富人的资助，利用他们打下的坚实基础。如果有，就说明他得到了"遗传"。前者是间接的，后者是直接的。

有人也许会问：可是，并不是生活在这个圈子里的人一个个都富裕；同时，也并不是富翁的每个孩子都富裕呀！

确实如此。这除了性格、志趣、机遇等方面的原因，和他小时候成长发育过程中有没有"安全依恋"有关。安全依恋型孩子的财商较高，非安全依恋型的孩子财商较低。

安全依恋的具体表现是，当孩子的依恋对象在自己身边时，他会自由自在地去进行探索、与陌生人打交道，而在依恋对象离开时，则会表现得心烦意乱；而当依恋对象再次回来时，又会感到非常高兴，甚至会走上去热烈拥抱。

孩子的依恋对象可以是爸爸妈妈、爷爷奶奶、外公外婆或保姆中的一个或多个，关键是看出现在他身旁的频率，以及能否经常去关心、照顾他。

过去60年的心理学研究表明，在孩子出生后第一年中形成的这种依恋关系，会维持相当长的时间，并且对他的心理和情感产生持续影响；幼儿时期形成的这种依恋关系，会奠定他成年后对整个世界的感受和认识。

不用说，能够建立安全依恋的孩子，长大以后会自信地探索世界、信任别人，自然而然地和别人打交道，财商较高，生活也比较幸福。这时候他们会具有一种良性的自我调节功能。例如，饿了会大声哭闹，一旦吃饱了就会停止哭闹，表现得非常平静和快乐；将来长大成人后，面对各种挫折，也会轻而易举地去解决，比较从容地处理财富关系。

相反，与安全依恋相反的两种类型，即焦虑—反抗型依恋、焦虑—回避型安全，说穿了就是"不安全"。

这样的孩子长大后，会始终认为他生活的环境是不安全的；出于自我防卫需要，他对心理和情感的自我调节不是过度就是不足，总是把握不好。调节过度，会让人觉得这个人很难接近、很难说话；调节不足，会让人觉得这个人行为过激,甚至是"危险分子"。

那么,安全依恋与财商之间的关系究竟如何呢?

研究表明,富裕家庭出生的孩子安全依恋往往较差,原因是他们的父母或者应酬较多、或者忙于赚钱,忽略了与孩子的频繁接触,以至于他们总觉得周围环境很"不安全"。

关于这一点,在他们读书阶段就会体现出来。他们常常会想:既然我的父母那么有钱,那我还有什么必要像其他同学那样勤奋学习呢?踏上社会后,无论是与人交际、做生意、谈恋爱,都会产生一种"别人究竟是喜欢我家的钱还是喜欢我这个人"的困惑,从而产生不信任、胆怯、自卑、怀疑、心理混乱甚至负罪感,最终把好事办成坏事。

这就是有钱人家的孩子有时候无法"遗传"有钱基因的原因之一。

克服的原因也简单,那就是父母尤其是母亲,在孩子小时候尤其是婴儿期,要多多地与孩子接触;如果有条件的话,最好是请长假陪孩子,让他有一种相对充分的安全感。做到了这一点,就会有助于孩子成年后勇敢地处理各种社会关系了。

教育的真正含义是挖掘天赋

为人父母千万不要忘记一点,这就是教育的真正含义是挖掘孩子的天赋,而不是灌输知识。之所以说现在的学校教育是失败的,理由就在这里:无论孩子的个性特点、天赋差异,都给他们灌输同样的知识,然后以此来判定成绩好坏。不仅中国的学校是这样,外国也是如此。

人的天赋多种多样,做父母的有必要从小鼓励孩子多与人和自然接触,及早发现他们的天赋,从而找到适合他个人的学习(包括读书但不仅仅限于读书)方法,以取得事半功倍的效果。

不同的天赋，决定了每个孩子最有效的学习方法各不相同。也就是说，如果你有几个孩子，那么你就要特别注意，不必也不能用同一种方法来进行教育，这也是古人所说因材施教的道理。

那么，怎样才能做到这一点呢？其实也很简单，那就是看孩子天性对什么最感兴趣，这个兴趣点就是他的天赋。符合这一特点的学习内容和方式，他会学得最快、最有效果。

看到这里，有人也许要说了，现在的孩子最喜欢的是电脑游戏，你也让他去整天玩游戏吗？

这个问题问得好，确实如此。其实，让他多玩玩游戏并没什么错。

现实生活中容易看到，喜欢玩游戏的孩子特别聪明。一台电脑或一部智能手机放在孩子面前，孩子虽然从来没有用过它，更不知道怎么玩，但这里按按、那里揿揿，很快就能操作起来，让人不得不感到神奇。

相反，如果你丢本书在孩子面前，让他好好看看。过一会儿，你可能会看到他居然还没有翻过这本书，因为他对这本书根本不感兴趣，而你却觉得这是本好书，所以声嘶力竭地警告他"赶快看"。又一会儿过去了，孩子终于翻了翻，然后仍然丢在那里。这无论叫翻书还是看书，实际上一点效果都没有。

这样说来，并不是说玩游戏好、看书不好，问题是你并没有让孩子对看书产生兴趣，这才是更关键的。

说得更具体一点就是，如果你有本事，就有必要把孩子的兴趣吸引到这本书上来。比如你可以先讲一段小故事，正当讲到引人入胜处就戛然而止，告诉孩子"欲知下文如何，请你翻开本书！"这样，孩子的阅读兴趣就可能被你调动起来了。

那么，能不能把学习和游戏结合起来，发明一种"在游戏中学习、在学习中游戏"的方式呢？完全可以，而且应当采用这种方式，但实践中很难找到这种方式方法和教材。这就怨不得孩子了，只能怪成人明知道应当这样做而没有去做，是一种失职。

还记得孩子很小的时候吗，当他喜欢某种食品、非常讨厌另一种食品时，做父母的总会把这两种食品糅在一起做成糕团，或者炒成同一盘菜，让孩子吃下去。慢慢地，孩子就不讨厌这种食品，或者说习惯于接受了。

而现在对于一看书就想睡觉、一看到游戏就浑身来劲的孩子，为什么就不能把这"两种食品"糅合起来让他开心地吃下去呢？这可是一个巨大无比的教育市场啊！

所以，父母在任何时候都不要对孩子失望，要记得自己的责任是发掘孩子的天赋。哪怕孩子的学习成绩再糟糕，全校倒数第一名，也不用急。仔细看看孩子对什么最感兴趣，看到它会眼睛发亮、爱不释手？顺着这条线索找下去，就会蓦然回首孩子的天赋所在，并最终取得成功。

这就像看电视一样，在上百个数字频道中，喜欢新闻的会开到新闻频道，喜欢音乐的会开到音乐频道，喜欢体育的会开到体育频道。这样，你只要看看孩子经常喜欢看哪些频道，就大概知道他的兴趣爱好是什么了。

现在的问题是，孩子们在学校里上课，不管你喜欢文艺、体育、画画，都只允许打开一个"频道"，那就是大家坐在一起按照同一个课程表上课，没有丝毫选择余地。

请想一想吧，如果你家里的电视机坏了，只能收看一个频道，并且强迫全家人坐在那里从头看到尾，心情又会怎么样？

所以说，现在的孩子虽然个个聪明能干，但这种聪明能干并不一定全都表现在语言、数学逻辑上。也就是说，聪明能干的孩子学习成绩并不一定就好。

所以，这时候的父母，最要紧的不是扼杀他们的学习积极性，而是为孩子指明一条正确的道路。

如果父母简单地沦为教育制度的"帮凶"，看到孩子学习成绩不如人意，就认为这个孩子"无可救药"了，从而让孩子自己也认为将来"一事无成"，那才是真的悲哀呢！

当孩子自己找到一种特别感兴趣的学科后，父母要做的就是鼓励、鼓励、再鼓励。无论你自己对此是否感兴趣，也无论这门学科是不是学校里的考试科目，只要不违法，就要坚决支持。

要知道，这很可能就是孩子将来立足于社会的职业萌芽，是孩子将来自立于社会的创富基石呢！许多成功者就是这样过来的，他们不是因为小时候成绩好，而是当时的某种天赋爱好铸成了将来事业的成功。

每个孩子都很聪明

俗话说："儿子是自己的好"。其实，平心而论，每个孩子都很聪明，只是程度大小、兴趣爱好侧重点不同而已。

这里的聪明当然包括学习，但又不仅仅限于学习。因为一个人的能力类型多种多样，大致说来，对于在学校里读书的孩子来说，基本上可以从以下七个方面来考察：语言表达能力、数学逻辑能力、音乐能力、空间关系能力、身体运动能力、人际交往能力、自我反省能力。

孩子的学习成绩好，一般能够说明他的语言表达能力（语文）、数学逻辑能力（数学）较好，而后面五种能力就无法得到确切反映了。所以，单看语文、数学成绩容易以偏概全。

所以常常能看到，在学校里读书成绩最好的学生，踏上社会后的成就往往不是最高的，以至于还出现一种"第10名现象"[①]，就是很好理解的。

而当孩子踏上社会后，则需要从以下八个方面来全方位考察他的各种能力：

[①] 1989年，杭州市天长小学教师周武发现：社会上最有成就的人当初在学校里的学习成绩并不十分出色。他后来经过10年时间的跟踪调查，得出这样一条"规律"：小学里学习成绩在全班第10名左右的学生，有着难以预想的潜能和创造力，踏上社会后成就最大。

思考能力、创新能力、自由选择生活能力、破解生活难题能力、沟通合作能力、推理和预见能力、获取幸福的道德能力、人际交往能力。

从以上这些容易看出，这些都和学习成绩无必然联系。这也是为什么孩子踏上社会后，会感到过去在学校里学的东西"学非所用"，同时也是过去为什么有些人一天学没上过照样在社会上混得很不错的原因。

下面这个例子或许能够说明一点问题。

在一所普通农村高中，当时班上有位王君同学读书很笨，父母认为他不是读书的料，所以就随他去；王君自己也这样认为，所以恳求老师"饶了他"，不要逼着他上课、做作业了。老师也认为，王君不来班里捣乱，大家都感到清静，这才是他对全班所做的最大"贡献"。

那时候没有电脑，更没有网吧，王君一有时间就去稻田里捉黄鳝。这可是他的强项，每天能捉好几斤，家里吃不完就上街卖，几年下来小有积蓄。

王君后来就用这笔积蓄做本钱，给乡镇企业跑销售。没有工资底薪，完全是拿提成，这种模式任何厂长都欢迎。直到现在，社会上最紧缺的人才仍然是销售，你能把别人卖不出的东西卖出去，哪个单位都要你。

虽然王君读书不行，可是这方面很在行，多劳多得，每年的收入比厂长要高得多。不出10年，乡镇企业改制了，只有王君有实力把整个工厂买下来，当上了名副其实的老板。

话说当时班上有一位高材生张君，学习成绩非常好，每天手不释卷，不但是学校和老师的骄傲，也是方圆十来里父母教育孩子的活教材。

张君后来考上一所重点大学，毕业后分配到军工企业当工程师。应该说，张君的人生道路很顺利。可谁知天有不测风云，自从他进了这个工厂后，企业就像黄鼠狼过年"一年不如一年"。先是"军改民"，后来是做一阵子停一阵子，再后来是工厂对外拍卖，每个人自谋职业。这样，这位昔日的高材生一时就落了难。

接下来正如你想到的那样。在一个偶然的机会里，王君得知这个信息后，热情邀请张君加盟他那家挂名的"外资企业",承诺收入待遇在他原单位的基础上加25%,职务是"一人之下、万人之上"的总工程师,可谓给足了老同学面子,直到现在。

这是一个真实而富有戏剧性的结果。

现在又10多年过去了,当年的王君成了省内闻名的企业家,手上拥有三家企业;而这位张君则是一位只拿工资、没有股份的打工者。

不要抱怨世道不公。存在的就是合理的。但显而易见,这样的结果是当初所有老师、父母包括两位当事人自己也没有想到过的。但事实就是这样,财商比成绩更重要。

回到财商的话题上来:任何人都不要轻易用学习成绩或智商高低来评价孩子聪明与否;更不要把它和财商混为一谈。

究其原因在于,任何考试考的都是"已知"的东西,老师绝不会拿他自己也不懂的东西来考学生;甚至,你的答案与标准答案有丝毫相差都不能得分。

可是投资、理财却恰恰相反,面对的永远是"未知"的东西,谁也不知道下一步会出现怎样的结果。

这就是两者之间的根本区别。不用说,能够解决"未知"问题的人那才叫真正的"聪明"。

考察孩子的财务行为

观察孩子的财务行为,主要是看他在财商方面有没有天赋、有哪些天赋。只有做到这一步,才能接下来为他量身定做最好的教育方案。

所谓天赋,也叫智慧,通俗地说就是"辨别细微差异的能力"。

举个例子,修改病句就是一种常见的天赋。凡是病句都似是而非、模棱两可,是大多数人容易犯错的地方。既然这样，要找到错误的地方并加以改正，就不是一件轻而易举的事。

而在这方面有天赋的孩子，就能一眼看出或略加思考后看出这句话和正确句子之间的细微差别（毛病所在），从而把它改正过来。这方面天赋不够的孩子，可以通过后天学习掌握这种本领，称之为聪明。

推而广之，说有些孩子在学习方面很有天赋，有些孩子在体育方面很有天赋，就是说他善于辨别学术方面或运动方面的细小差别。当别的孩子还没有意识到这种差异时，他已经意识到了，所以他能抓住事物的本质，正确区分这个题目或活动的内在要求，把它做得更好。

具体到财商方面上来。有些孩子对"钱"天生敏感，对数字运算熟练自如，并且"斤斤计较"；每当遇到与"钱"有关的话题时，总会想方设法进行调度，从多方面来考虑问题。

而有的孩子则相反，一遇到钱就怎么也算不清，转一个身就忘了刚才的结账，并且总是表现出一副大大咧咧的样子，这种人就可能是对钱真的没有一点概念。

自己的孩子属于什么类型，父母其实很清楚。尽早发现孩子这方面的天赋，并且有针对性地培养这方面的能力，是每个父母的职责。

尤其是在现代社会中，基本上是独生子女，所以，可以说财商对每个孩子来说都很重要。不像过去，每家每户有好几个孩子，孩子之间因为天赋的差异，将来所从事的工作也可以多种多样。而现在做不到这一点了，所以对孩子的全面培养和发展会提出更高的要求。

说得更简单一点就是，现在你只有一个孩子，如果孩子的财商很高，父母应当为此感到高兴，并加以引导、培养；如果孩子的财商不高（这种情形并不少见），父母的职责之一就是要根据"缺啥补啥"原则，适当开展"家庭"教育。毕竟，财商高低关系到孩子将来一辈子的幸福。

畅销书作家马克·汉森回忆说，有一次他在某教会介绍儿童银行的功能后，一位名叫汤米（Tommy Tighe）的孩子走上来与他握手，自我介绍说："我今年6岁，想从儿童银行借钱。"

马克·汉森问："小朋友，你想用这笔钱派什么用场呢？"并且友善地提醒他说："到现在为止，所有贷款的孩子可都是还清了他们的借款噢！"

汤米老练地说，他从4岁开始就认为自己能促进世界和平，所以想把这笔贷款用来制作一批贴纸，贴在汽车背后，上面印着"请为我们的孩子维护和平"，然后是签名"汤米"。

马克·汉森微笑着答应了，同意发放给他454美元的免息贷款，这是印刷1 000张贴纸的费用。

这时候轮到站在一旁的汤米父亲着急了，他轻轻地问马克·汉森，如果孩子将来还不清这笔贷款，是不是会没收他的脚踏车？马克·汉森说，他不会这样做，因为他相信每个孩子都是诚实的，如果投资失败了也必定会有其他原因。

就这样，马克·汉森送给汤米一套录音带，要求他仔细收听、学习。回家后汤米把所有录音带都听了21遍，最终牢牢记住了其中这样一句话："向顶尖人物推销"。

于是，汤米说服父亲，首先去美国前总统里根的家里去推销。滴水不漏的理由，使得里根总统本人及其管家都买了一张贴纸，每张1.5美元。

后来，汤米又寄了一张贴纸给前苏联总统戈尔巴乔夫，信中同样附了一张1.5美元的账单。很快，他就收到了这1.5美元"货款"，额外的还有戈尔巴乔夫的亲笔签名照。

顺便一提的是，汤米很快就售出了2 500多张贴纸，轻松地还清了向马克·汉森儿童免息贷款银行所贷的454美元。

不用说，从小就具有这种老道推销行为的孩子，将来必定是这方面的顶级高手。如果你的孩子也有这样的财务行为，你还用得着为他的将来处境感到担忧吗？

欲取先予

欲取先予的本义是，如果你想要得到什么，就必须首先付出代价，让对方放松警惕，然后才能寻找到机会，最终连本带利得到你所需要的。

在这里，我们把它看作是中性词，不带贬义。

欲取先予是衡量一个人会不会办事的标准之一，也说明他的能量大小。这种能量主要体现在气量上。

每个人的气量有大有小，这既有先天因素，也有后天锻炼。关于这一点，从小孩身上就能体现出来，表现为一种天赋。有的孩子气量太小，什么东西都要据为己有；有些则相反，什么都不在乎，谁要谁拿去好了。

撇开孩子年龄太小时的那种不懂事，可以发现，这实际上也是每个人的一种性格，长大以后也常常能见到这种影子。

需要特别提醒的是，气量大的孩子一般来说财商也高。

本来嘛，气量的本意就是一种胸怀、气魄、肚量。俗话说："量大福大"。气量大的人与人打交道时懂得施舍，欲取先予，所以更受人欢迎，在处世、办事方面更容易成功。从历史上看，能够成就一番大事业的人一个个气量都很大。

气量最大的是宰相。俗话说，"宰相肚里能撑船"；反过来说，也只有肚里能撑船的人才能当宰相。推而广之，不要说当宰相了，就是你创办个企业、自己当老板，或者从事某种领导、管理岗位，气量太小，整天计较个人恩怨、听不得别人半点意见或牢骚，也会成为孤家寡人的。

所以，为了孩子将来的事业成功，父母非常有必要指导他如何锻炼心胸、放大气量，把它作为财商培育的一部分。

如果孩子先天气量大，那当然最好；否则，父母就有必要在日常生活中培养他的气量，并且最好是大气量。

培养的途径主要是树立远大目标。目标远大，站得高看得远，当然就不会把一些"小事"放在心里嘀咕，做任何事情更善于从长远、宏观角度来考虑，不至于一叶障目。

这就像刚学骑自行车一样。刚学自行车的人，眼睛只敢盯着自己脚下，不敢抬头看远方，结果反而容易翻倒在地。可是只要当他昂起头来看着远方，就会发现自己慌乱的双脚不再像过去那样考虑太多，用力去蹬就行了。

从历史上看，气量和财商结合得最好的是孟尝君。孟尝君（？—前279）是战国时期人，原名田文，他的父亲田婴曾经担任过齐国宰相11年（或许"宰相肚里好撑船"的气量也能遗传）。

据说田婴一共有40多个儿子，田文是小老婆生的。田文生下后，封建迷信的田婴对老婆说，这个孩子出生在5月份，不吉利，所以去把他弄死吧。可是，田文的母亲却偷偷把他养下来了。

等到田文长大后，母亲通过田文的兄弟带他去见田婴。

田婴在惊讶之余感到很气愤。还没等母亲开口，田文就磕头大拜地对父亲说："你这样迷信，究竟是什么道理？"田婴说："五月份出生的孩子身高会长得像门槛一样高，是父母的克星。"田文说："那么，人的命运是由老天决定的呢还是由门槛决定的？如果是由老天决定的，你完全不用担心；如果是由门槛决定的，那你把门槛抬高不就行了吗？"

父亲被说得哑口无言。就这样，田文为自己争取到了生存的权利。有一次他对父亲说，你当宰相已经经历三代君王了，可是齐国的疆域并没有扩大，你的家里却是万两黄金。你的那些大小老婆整天锦衣玉食，可是你的门下却吃不饱、穿不暖，我是看不惯这一些的。

从此以后，田婴对田文刮目相看，并且听从大臣们的意见，立下遗嘱，立田文为世子。田文继位后，就被称为孟尝君。

孟尝君散尽家财，招揽各诸侯国的宾客及逃亡将领，号称"食客三千"。来者不分贵贱，完全享受和田文同等待遇。

后来，孟尝君先后担任秦国宰相和齐国宰相。

最新考证表明，孟尝君之所以有实力养活"食客三千"，是他把家里的"资产"放贷出去，用收取的高利贷利息来实现的。这和本书中所说的资本及其运作手法又何其相似也！

懂点财会知识很有用

不同的人生阶段，有不同的追求。但孩子将来踏上社会后，无论从事什么工作，都需要掌握一点基本的财务会计知识。这对他的家庭经营和事业发展，都是必不可少的。

不用说，孩子在学校里读书时，追求的是学习成绩，具体表现为考试分数高低。考试分数高，就是衡量他"成功"的主要标志。

当听到某个孩子考试成绩总是全班前三名、全校前五名时，觉得不需要了解他的其他方面，就可以断定他"很聪明"。

可是要知道，当这个孩子离开学校踏上社会后，用来评价他"成功"与否的标志就不再是学习成绩，而是其他方面了。偶尔谈谈学习成绩或其"学霸"经历，也多是作为一种"历史"来增加点谈资的。

这里所说的"其他方面"，中国人通常把它概括为"五子登科"——妻子、儿子、房子、票子、车子——它们之间的关系十分密切，除了"票子"本身就是钱以外，其他的哪一项都和钱有关。不用说，钱是其中的核心元素。

而谈到钱，就不得不提到一个整天与钱打交道的职业。对了，这就是"会计"。

会计虽然只是三百六十行之一，却是每家每户都需要懂得一点的基础。经常可以看到，夫妻双方离这个职业相距甚远的家庭，尽管可能收入也不低，但最终在财务方面仍然可能会一团糟。

而从财商教育方面看，懂得一点财务会计知识对孩子的一生都重要。孩子将来无论从事什么工作，都不可能与钱绝缘。学会怎样控制、管理、核算、运用金钱，对谁都有必要。

遗憾的是，全社会对此并没有引起应有的重视，许多人甚至一辈子对此都是不甚了了。

例如，无论是你自己创业，还是买房需要贷款，或者投资股票、基金、债券，或者在银行代扣代缴各种费用，都必然离不开财务会计知识。尤其是银行在给你发放贷款时，考虑的绝不会是你过去学习成绩的好坏，而一定会是财务状况，即你的贷款偿还能力和信用。

就好比说，你在无形中就有一张个人专属的"资产负债表"，这张表相当于你在学校里读书时的"学习成绩单"。

众所周知，在学校里并不是学习成绩好就一好百好的；踏上社会后同样如此，也不是资产负债表好就一好百好的。

因为除了个人财富，还有许许多多重要的其他指标，如良好的个人信用、稳定的收入来源、美满的婚姻生活、良好的健康状况、适当的担保关系等，只是个人资产负债表无疑是其中最重要的一项。

但个人"资产负债表"也有不如"学习成绩单"的地方。例如，孩子在学校读书时，每个学期都能拿到一张学习成绩单，它就像一张"个人健康状况检查表"一样，可以作为父母和孩子、老师的一面镜子，看看过去哪些方面做得好、今后哪些地方需要改进和弥补。

可是踏上社会后，虽然每个人的财务状况各不相同，每个人也都有"资产负债表"，但这是无形的。如果你自己不加以总结、反思，就很难达到可以拿来一用的效果。

这就是为什么许多人一辈子日子都过得紧紧巴巴、财务方面状况不断的主要原因。如果有人每年都给他编制、呈送一份属于他个人的"资产负债表"，情况就不至于如此糟糕。

不用说，这份工作只能由自己来做。但这需要具备两大条件：一是要有这样的财商意识，觉得做这项工作不但有意义，而且非常有必要；二是懂得基本的财会知识，不但能够"编制"这份报表，而且善于从中发现问题、找到解决问题的办法。

现实中经常会看到，有太多的人平时并没有好好地考虑过自己的财务状况，只有到有一天失业了、失意了，或者发生了意外，以及遇到迫不得已不得不去办某件事情时，才会静下心来"盘点"一下家里。

懂得一点基本的财务基础知识、定期给自己"编制"一张资产负债表的最大好处，就是不但会对自身财务状况更有信心，而且知道以后的努力方向；更重要的是，当你的财务状况出现偏差时，会得到及时纠正。

顺便一提的是，儿童财商教育的最终目的绝不是培养财务能手，而是为了锻炼孩子对财富的自我管理能力。所以，这方面不必过分追求技术属性，即不必要求孩子像会计师那样具备高深的专业知识，否则反而可能会一叶障目、找不着北。

适当点拨理财兴趣

不同的年龄有着不同的任务。在中国父母的眼里，孩子不该操心家里的钱，只要把书读好就行了。有的家庭每当孩子在参加重要比赛、考试时，就像国家筹备重大活动似的，不但整个小家庭，甚至连爷爷奶奶、外公外婆、叔叔阿姨家都要围绕着这个孩子转，哪怕油瓶倒在地上都不准他去扶。

最典型的是中考、高考时，更是以孩子为中心了。

我儿子的一个同学就是这样。孩子参加高考时，母亲请假在家专门准备最好吃的饭菜招待孩子，顿顿不重复，并且只能让他一个人吃，其他人不准上桌；父亲请假在家三天全程陪同，职务是秘书兼保镖；每天从家里到考场的接送车是借舅舅的，所以舅舅也要请假三天，算是专职驾驶员。

拥有这般无微不至的呵护，再加上财商教育在整个中小学阶段一片空白，以至于孩子对钱全然没有概念，根本不知道父母工作如何辛苦，只知道要用钱就向父母伸手，而且总会有求必应。

所以很常见的是，孩子根本不知道家里的真实经济状况；对于有些知道状况的孩子，父母也一再告诫他们不要对外人讲，认为这是家里的隐私，不可外传。

家庭经济状况确实是一种隐私，但也不必看得过重，更不要把它当作最高机密来对待。否则，反而容易导致孩子在钱的问题上成为一种偏执狂，对任何人都缺乏信任，不利于其将来踏上社会后与人相处、与人合作。

研究表明，凡是父母一再告诫孩子不要在其他人面前谈论家庭财产的，长大后通常不善于投资理财。国外的家庭理财有财务顾问，他们在面对自己的财务顾问时也会遮遮掩掩、欲言又止，以至于让人觉得难以合作。

正确的方法是：既要强调家庭经济收入、财产问题是一种隐私，又要保持某种平衡。

具体地说就是，在对孩子谈起这个问题时，可以这样告诉孩子："有些事情，包括我们家里有多少钱，最好不要随意告诉别人。"对于有理解能力的孩子来说，这时候他就懂得应该怎么去和别人交流了，不至于造成上面所说的那种偏执，并且会对他今后建立投资、理财兴趣打下良好基础。

在点拨孩子理财兴趣方面，千万不要忽略了爷爷奶奶、外公外婆的作用。尤其是许多孩子从小是跟着爷爷奶奶、外公外婆长大的，和他们特别亲，这时候受他们的影响也会特别大。

不用说，现在的人寿命越来越长，爷爷奶奶、外公外婆的辈份在那里，其实年龄并不一定大；更何况，一些家庭中爷爷奶奶、外公外婆是家里真正的"权威"，他们的退休工资甚至比父母拼命加班还要多，所以他们在孩子面前的说话分量就更加显而易见了。

巧妙地发挥这种作用，有时候能够对孩子的财商教育起到四两拨千斤的功效。

美国有一次针对五年级至七年级学生所举行的作文比赛题目是："记一个在理财和投资方面对你影响最大的人"。9位获奖者中有5位写的是爷爷奶奶，或许就能说明一些问题。

研究表明，这些爷爷奶奶很注重对孙辈的财商教育。例如，他们会送给孙辈一两股股票，尤其是孙辈们喜欢的迪斯尼公司或麦当劳公司这种股票，对启发孙辈的投资理财观念会更有帮助，并且这种观念会贯穿于孙辈的整个青少年时代。

在给孙辈贵重礼品或电脑、游戏机这种有争议的物品时，这些爷爷奶奶、外公外婆会先征求一下儿女即孩子父母的意见，并且尊重他们，这样就不至于在大人之间产生矛盾；更高明的爷爷奶奶们还会明确告诉孙辈，他们想送给孙辈某种贵重礼物，但其中一部分钱需要孙辈依靠自己做家务、学习等方式赚取，不会"全额拨款"。这样，也就间接地调动了孩子的积极性，锻炼效果更好。

不容否认的是，也有许多爷爷奶奶、外公外婆过于溺爱孙辈，或明或暗地给孙辈买电子游戏、玩具枪等，完全打乱了原本正常的财商教育计划，这时候说他们是孙辈的同谋也不为过。

第七章

依据天赋扬长避短

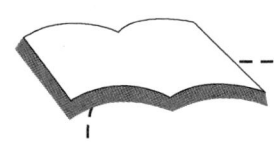

在财商教育方面,根据孩子的天赋扬长避短,选择恰当而不是最热门的职业,并设定突破性目标,这样更便于取得成功。当然,也不要在一棵树上吊死。东方不亮西方亮嘛!

家庭成员的科学分工

在子女教育问题上，家庭成员应当有所分工，并且这种分工要相互协调、科学配置。

尤其是在当今的"四二一"家庭结构中，全家人共同面对同一个对象（孩子），很可能会因为分工不明确或角色错误，互相产生内耗，直至让孩子无所适从。

通常来说，在面对孩子教育的问题上越来越多地出现这样一种有趣现象：父辈和祖辈、父系和母系之间扮演着截然相反的角色，一个唱"红脸"，一个唱"白脸"。

例如，在父辈和祖辈之间，通常是父母和爷爷奶奶、外公和外婆持截然相反的态度；而在同一辈，如父亲和母亲、爷爷和奶奶、外公和外婆中，又是一个要孩子"这样"，一个要孩子"那样"。

这种"一严一慈""一软一硬"既可能是事先分工，也可能是在潜意识中自然形成的。

并且有意思的是，与过去长期以来的"严父慈母"相比，现在"严母慈父"则成为一种更普遍现象。

而具体涉及财商教育来说，这种分工就存在着较大问题。正确的做法是：家庭成员中首先应该互相通气，明确统一对孩子采取什么样的态度；其次在扮演具体角色时，当然可以有所分工，但每个人所使的劲应该保持方向一致。

在我国，父亲往往是一家之主，承担着养家糊口、保护家人的重任，并且参与社会实践较多，或者走南闯北、见多识广；而母亲工作之余主要是在家里操持家务、抚养子女，维持家庭正常运作的角色。

这种长期以来形成的社会地位和不同分工，使得在财商教育中，父亲往往担负着更重要的责任，即：父亲利用自己一家之主的地位和经验，帮助孩子与外面的世界打交道，让孩子学习更多的责任和义务，学习怎样投资、理财养活家人；而母亲则主要是照顾孩子的饮食起居和日常生活，让孩子学习怎样去关心、去体贴他人。

所以容易看到，父亲的财商高，子女的财商也往往高。这不但是遗传基因在起作用，更在于孩子生活在这样一位财商高的人旁边，耳濡目染就懂得了怎样投资、理财，更不用说父亲和母亲的有意栽培了；相反，如果父亲窝窝囊囊，工作压力大、情绪低落，回家后只会发脾气、打老婆，抱怨自己"这辈子没希望了、全靠孩子了"等等，男孩长大后在遇到类似压力时，就会以这种同样的方式表现出来；女孩长大后则会更多地沿袭母亲过去的那种心态，生活在惊恐、抑郁中。

所以在一般情况下，父辈和祖辈两代人的分工中，应当确立以父母唱主角、祖辈当助手；只有父辈和祖辈两代人财商十分悬殊时，才需要确立由谁在这方面对孩子施加主要影响。

千万别小看这一点，孩子的财商高低在很大程度上就取决于你们的这种分工，以及由此造成的潜移默化的影响。

举个例子来说。在很久以前，泰国有一个名叫奈哈松的人，一心一意想一夜暴富。本来嘛，有这种想法也很正常，但现在的问题是，他考虑问题的路径有问题，那就是总觉得成功的捷径只有一条，就是要学会炼金术，并且他把时间、资金、精力全部投入在这方面。不用说，这就有点走火入魔了。

没过多久，他就花光了全部积蓄，家里一贫如洗，甚至连一日三餐也难以为继。妻子苦不堪言，无奈之下只好跑回娘家去诉苦。

岳父母非常理解女儿的难处，于是三个人在进行一番商量后作出明确分工，决心要帮助奈哈松迷途知返。

妻子回家后说:"你这样整天忙忙碌碌,也没想到和我回娘家一趟去看看,说不定我娘家人会有什么办法帮到你呢?"奈哈松一听满心欢喜,便带着妻子回娘家探亲了。

来到岳父母家后,奈哈松一提起此事,岳父一拍大腿说:"哎哟,你这是一件好事啊,可为什么不早说呢?我们早就掌握了炼金术,只是还缺少一样炼金的药引子。如果你能弄到它,我们完全可以合作呀。"

奈哈松一听喜出望外,想,世界上居然还有这么巧的事,原来岳父母已经走在了自己的前面?于是他连忙说:"一家人不说两家话,快告诉我,你要的究竟是什么药引子?"

岳父说:"既然这样,你又是我的女婿,我们不帮你帮谁呢?告诉你也无妨,但你千万不能对其他人泄露天机啊。其实很简单,就是要凑齐3公斤重的白色绒毛,这种白色绒毛是从香蕉叶上摘下来的;并且这些香蕉必须是你自己亲自种的,否则就会不灵。等到你搜齐这些绒毛后,我们再一起讨论炼金的事吧。"

奈哈松回家后,想想种香蕉不简单吗,于是立刻把已经荒废多年的田地全部种上香蕉;为了尽快凑齐这些绒毛,还带领妻子到处开垦荒地。

每当香蕉成熟后,他都会小心翼翼地从每张香蕉叶上搜刮绒毛;而他的妻子则负责把"剩下了"的一串串香蕉送到市场上去卖。

容易看出,在奈哈松看来,采集白色绒毛是最主要的工作,一串串香蕉则是其副产品,因为不忍心浪费才拿去市场上卖的。可是在妻子眼里呢则恰恰相反,一串串的香蕉能挣到实实在在的钱,而这些绒毛一文不值。

就这样,10年过去了,奈哈松终于凑齐了这3公斤香蕉绒毛,高高兴兴地去岳父母家讨要炼金术了。

这时候岳父母高兴地带着他来到阁楼上,打开房门对他说,你自己去看吧,这就是炼金术。

奈哈松推开房门一看，啊，满屋都是黄金。原来，这些黄金正是10年来他带领妻子和子女种香蕉卖钱换来的。

奈哈松恍然大悟，从此以后就专心致志地种香蕉，最后富甲一方①。

在这个故事中，主人公奈哈松已经成家、不能说是孩子了，但他依然是在家庭成员的财商教育分工帮助下走上致富之路的。

由此可见，父母对孩子（这里的女婿也同样可以看作是孩子）的影响是多么重大。

不同年龄有不同话题

不同年龄的孩子其心智成熟程度不同，所关心的事物和考虑问题的方式也各不相同。

所以，父母应当根据孩子的年龄大小，用他所能理解的方式灌输财商，这样不但利于消化吸收，而且能真正收到实效。

记得我儿子大概五六岁的样子吧，有一天我吃完晚饭，邻居家邀我去打麻将。儿子第二天早上醒来关切地问："昨天你赢了多少钱？"我说："××元。"

儿子年纪尚小，对钱的数量没什么具体概念，无论多少钱，在他眼里都是个大数目。所以当我说出来后，他就理解为这是"很多"钱，接着就手舞足蹈地说，"今天晚上你再去（打麻将，赢钱）。"

当天晚上又有人来邀约，于是我"遵照"儿子的嘱托赴约了。次日早上儿子兴冲冲地问我："赢了多少钱？"我说："输了××元。"儿子一听气呼呼地，说："今天晚上再去（扳本）。"

小小年纪就知道输了要去"扳本"，这时候轮到我教育儿子了。我说："儿子

---

① 潘杨：《他终于成了富翁》，载《大陆桥视野》2004年第3期。

啊，打麻将是赌博行为，它本身是不会创造财富的，有赢就必定有输，所以绝不能把它当成一项"工作"来做。"

经过这样一番促膝谈心，儿子终于从和我的谈话中明白了"小赌怡情、大赌伤身"的道理。

绝不要小看这种平时生活中的亲子交流，哪怕是再小的孩子，他也会从中懂得点点滴滴的。所谓家庭教育，莫过如此。轰轰烈烈地讲大道理，也绝不是可取的办法。

当然，对于有些话题，父母可以有意设计一些情节让孩子参与其中，从而加深印象、收到更好的教育效果。这种潜移默化的影响，完全有可能影响孩子一生的事业和成功。

例如，台湾宏碁集团创始人施振荣，3岁时父亲就因病去世了，家庭条件十分困难。为了谋生，他跟着母亲卖过鸭蛋和文具、摆过槟榔摊。而实际上，正是这种童年的艰苦生活，对他的财商起到很好的锻炼作用。

例如他发现，每斤3元钱的鸭蛋利润率是10%，每卖掉1斤鸭蛋差不多能赚3角钱；卖文具的利润高，利润率可达40%，同样是3元钱的文具卖出去后差不多能赚1.2元钱。更何况，鸭蛋摆不住，过段时间后卖不出去就会变成臭蛋；而文具则不存在这个问题，摆放多久都可以。

如果简单地进行这种比较，完全可以说，卖文具的利润是鸭蛋的4倍。可是从另一角度看，买鸭蛋的人多、货物周转率高，进一批货最多两天就卖完了，所以虽然利润率低，最终赚的钱仍然会大大超过卖文具；经营文具利润率高，可是有时候一年半载都卖不出去。

不用说，这就是众所周知的"薄利多销"。

可是施振荣从实践中得来的这条经验，比其他孩子从书本上读到的字句印象要深刻得多。而这种深刻印象，就贯穿在他之后的事业中。

施振荣创立台湾宏碁集团后，马上联想到这种鸭蛋和文具销售对企业利润贡献的不同作用，所以，自始至终坚持薄利多销原则——产品售价始终比同行要低。

这样一来，虽然整个经营利润率降低了，可是由于销售量扩大、市场占有率高、资金周转速度加快、经营成本不断降低，最终导致同样规模的资金获得的总利润大大增加，从总体上提高了经济效益。

在当初一起为谋生摆小摊时，施振荣的母亲是怎么也想不到儿子后来会有如此大的成就，更想不到儿子会从鸭蛋和文具销售中想到这招制胜法宝的。

回过头来看，如果你也能在平时的点点滴滴中，注意引导孩子观察这些细枝末节，并且和他一起总结其中有什么样的规律可循，这对孩子将来会有多大的影响！

这种影响不仅仅表现在财商、智商方面，而是体现在一切方面。这种生活即教育，可以说能够让孩子洞悉一切！

所要注意的是，少儿财商教育的重点要放在"理财"而不是"发财"上。也就是说，重点是要学会打理、增值手中已有的资产，而不是白手起家去"创业"。与此同时，也不必对孩子的这种理财能力和结果抱太大希望，甚至提都不要提这种高期望预期，能让孩子感受到这种氛围就行了。

即使从全球看，除了沃伦·巴菲特等个别富豪，绝大多数富豪依然是通过实业而不是纯投资起家的。从本质上看，理财活动带来的高效率和高回报，只不过是从实体经济盈利中分得的一杯羹而已。

通俗地说就是，"炒股只能发小财，发行股票才能发大财。"

依据财商选择职业

孩子将来总是要踏上社会的，为此父母有必要根据孩子的志向、兴趣、特长，和孩子一起展望选择什么样的职业。

这个过程一般在高中"文理分科"时就要考虑了。因为文理分科本身就涉及考大学、选专业，而大学和专业与孩子将来的职业选择密切相关。

在这里，很重要的一点是，孩子在文理分科、选择职业时必不可少地要考虑财商特点，而这是目前普遍缺乏的。

一般来说，财商（不是智商）高的孩子，更应该选择与金融、经济、财政、投资相关的专业和工作。因为他们比同龄人更具有"经济"头脑，更喜欢动手；所以，如果是学习这方面的知识、从事这方面的工作，将来会感受到更多的乐趣，学得更轻松，学得也更好。将来踏上社会从事这方面的工作后，既容易把它作为一项职业，又容易从中得到无穷乐趣，还容易从中取得事业成功。

相反，财商不高的孩子，应该根据他的个性特点来选择其他适合的专业和职业，绝对不要因为听说金融行业的待遇高、经济专业很吃香，就硬逼着孩子去学这些他不一定擅长的专业，否则就有一点强人所难的味道了。

例如，有些孩子的文史哲好，阅读面很广，并且喜欢读书、爱好写作，这就表明他们善于读书而不一定善于做事。在选择专业时，最好是远离上面所提到的那些金融、经济、财政、投资类别，选择他们更感兴趣的专业。

换句话说就是，从财商角度看，这些人将来不一定适合搞经济工作，因为他们在这方面没有天赋；他们更适合的是在学术界、科学界发展，比如在大学里做老师、在研究院搞研究工作等，他们就会感到如鱼得水，并且容易出成就。

例如，我的同乡、学术泰斗钱钟书，一生淡泊名利，视钱财如粪土。他在一本《牛津大词典》上密密麻麻地写满了批注，为此，牛津大学得知后想以重金求购他这本用过的资料，不料他回答说："我姓了一辈子钱，还会迷信钱吗？"

有一次，同事找钱钟书借钱，他问："你要借多少？"对方说："1 000元"。钱钟书说，"这样吧，不要提借，我给你500元，不要来还了。"

他如此这般对借钱人"对折奉送"的例子有过好几次，所以他的妻子杨绛戏说他是"数学没学好，只学会被2除，幸好没人来借百万……"，所以他"一辈子开不了钱庄"。

又有一次，美国普林斯顿大学开价16万美元邀请他去讲学半年，食宿全包，可以携夫人前往。并且只要求他一星期讲1次课，每次40分钟，半年只讲12次课。这样高的待遇，在当时实在令人咂舌，如果是换了他人实在是求之不得的。

可是钱钟书却毫不留情地说："我看过你们毕业生写的论文，就那种水平，我讲课他们听得懂吗？"不难看出，钱钟书的傲气傲骨也同样无出其右。

试想，一个如此对金钱没有"概念"的人，一个如此不懂"说话技巧"的人，如果你要他去学经济管理，然后大学毕业后从事企业管理工作，整天陪各级领导吃喝玩乐，在现代这样的社会中他能胜任吗？

所以，他搞学问是搞对了，真正实现了他在文章中所写的那样："做完整的人，过没有一丝一毫奴颜和媚骨的生活。"

从上容易看出，无论财商高低，其实都不是坏事，也没有褒贬之义，关键是要因材施教、量才录用。

换句话说就是，只有适合孩子性格、兴趣爱好的选择，才可能让他从中得到真正的乐趣，也才更容易取得成功。

不过，话又说回来。历史的经验表明，学术智商高、财商不高的人，在现实生活中通常都混得不太好。所以，当老师说你的孩子很聪明或者不聪明时，你都不必大喜大悲，更重要的是看他的财商高低。因为这才意味着他将来踏上社会后，是不是会"混得好"。

推而广之，在学校里，老师看到的通常只是你的孩子在某一方面（智力）的表现，没有也不可能看到他把这种智力转化为能力的结果，而后者对他将来的幸福更重要。

赚钱和兴趣相结合

赚钱有各种各样的方法，每种方法各不相同，这就是我们今天看到的有些人赚钱很容易，有些人则比登天还难；有些人能赚很多钱，富可敌国，有些人累死累活还赚不到钱，自顾不暇。

不用说，作为父母来说，都希望自己的孩子是前者。而这就涉及如何锻炼孩子的财商问题了。

2010年10月，著名导演徐静蕾出任麦当劳全新生活理念倡导者，号召都市白领们一起畅享"0"负担的快乐生活！

这可谓一语道破天机：快乐其实很简单，其实只是零负担——不是"房奴"，不被父母逼着"相亲"，不用装"淑女"，不用为了家庭开销而拼命工作，甚至可以自己决定上班不上班……要做到这些可能吗？答案是肯定的，其前提条件就是财务自由；附带就是，做自己感兴趣的事。

两者结合起来就是：赚钱和兴趣相结合——把兴趣发展成赚钱工具，在赚钱的同时不断满足兴趣爱好。

如果达到了这种境界，就可以说非常合乎理想了。因为无论是谁，做自己感兴趣的事，再苦再累也心甘情愿。

这是一个显而易见的道理，但要做到却不容易。现代社会中，有太多的人因为追求财富或迫于生计，不得不辛苦劳作，以至于严重损害健康，他们至死还不一定能明白这一点。

例如，以前有一位富商，财富多得不得了，可是年纪轻轻的他却患上了不治之症。回顾自己这一生实在活得太累，以至于把自己的健康也搭进去了，他是多么希望孩子们将来能够把赚钱和兴趣相结合，过一种"0负担"的快乐生活啊。于是，他决定通过立遗嘱的方式，让孩子们明白这个道理。

富商倚窗而坐，看到外面市民广场上有许多孩子在捉蜻蜓，于是对4个还没成年的孩子说："你们到那里去给我捉几只蜻蜓来吧，我已经好多年没有看到过蜻蜓了。"

过了一会儿，老大就带着一只蜻蜓回来了。富商高兴地问："这么快你就捉到了一只啦？"老大说："我是用你送给我的遥控赛车换来的。"富商点了点头。

又过了一会儿，老二回来了，他这次带来两只蜻蜓。富商关切地问："哦，你捉到两只？"老二说："我是把你送给我的遥控赛车租给一位小朋友，得到3分钱；然后用其中的2分钱租了两只蜻蜓，现在还多出1分钱，喏，现在我把它上缴给您。"富商点了点头。

紧接着，老三回来了，他带来了十只蜻蜓。富商惊讶地问："你怎么捉到这么多？"老三说："我是把你送给我的遥控赛车举过头顶，对小朋友们说，'谁要是给我一只蜻蜓，我就把遥控赛车给他玩一会儿。'结果，有10个小朋友投标，这样我就带着它们回来了。要不是怕你着急，我还可以得到更多。"富商点了点头。

最后回来的是老四，他满头大汗，两手空空，身上全是泥土。富商心疼地问："哎呀呀，你怎么啦？"老四说："我捉了半天，也没捉到一只，所以只好坐在地上玩遥控赛车。后来一看三个哥哥全都回来了，所以我也只好赶快回来。要不然，说不定我的遥控赛车还真的能撞到一只蜻蜓呢！"富商笑得满眼泪花，紧紧地把老四搂在怀里。

后来富商死了。他在床头边留给孩子们的遗嘱上写着：我这些可爱的孩子们啊，其实我并不需要你们真的去捉蜻蜓，我要的是你们捉蜻蜓过程中的乐趣啊①。

这就是做父亲的心思。既然每个孩子的天赋不同，他们的处世方式也千差万别，那么就要根据孩子的天赋因材施教。

---

① 刘燕敏：《富商的遗嘱》，载《沈阳晚报》2002年11月15日。

在这里，这位富商实际上是在用一种特殊方式，最后一次给孩子上了财商教育课。

设定突破性目标

每个人的天赋不同，但都想赚钱的心理是一致的；事实上，凡是想赚钱的人，几乎都没有钱。这时候怎么办？设定突破性目标，并把它一步步变为现实。这就是通常所说的"跳一跳，够得到。"

就像你在石榴树下看到树上有一颗硕大无比的石榴，如果你想把它摘到手，就必须跳一跳；如果你不想跳，那就得不到它。因为在你伸手可及的范围内，别人已经早你一步应摘尽摘了，再也没有这样的硕果仅存了。

设定突破性目标，需要遵循循序渐进的原则，把长期目标和短期目标结合起来，一步步向上攀登，不至于缺口太大而跨不上去；实现突破性目标，需要有坚强的毅力及财力，当然还需要有足够的财商，这就与孩子的综合素质有关了。

一句话，需要父母根据孩子的天赋，来帮助他制定计划、实现计划。孩子如果具备这样的毅力，可以说将来前途无量，根本就没有什么可以难倒他的事。

藤田田（1926—2004）1965 年大学毕业后在一家电器公司打工，但他从小就有很高的财商，懂得"资产"和"负债"的区别，一心一意要创办自己的事业。

1971 年，他发现全球闻名的连锁速食公司美国麦当劳在日本扩张、招商，于是觉得自己的机会到了。

藤田田当时的积蓄不到 5 万美元，可是麦当劳的加盟条件是要有 75 万美元的现金，以及一家中等规模以上银行提供的信用支持。不用说，两者的差距显而易见。

所以，藤田田只得东挪西借，不过 5 个月下来也只筹到 4 万美元，加起来还不到 9 万美元，差距依然非常大。

但他认定，在日本开办麦当劳连锁店就是他事业发展的突破性目标，所以只许成功、不许失败；并且，他根据自己过去的努力，认定自己具备这样的自信。

一天，藤田田走进住友银行总裁办公室，表明自己的创业计划和求助心愿。总裁一听他说只有这么一点钱，又没人出面担保，所以婉言谢绝他说："你先回去吧，让我考虑考虑。"

藤田田一听就知道没戏了，但他依然不死心，所以对总裁说："您能否听我说说我这 5 万美元是怎么积累起来的？"

得到总裁的点头后，他介绍说，就在他大学毕业的那天，就计划要在 10 年内存足 10 万美元，然后开创一番事业。现在已经 6 年过去了，在这期间无论遇到什么困难，他都雷打不动地坚持每个月拿出三分之一的工资奖金存入银行；有时候实在钱不够用了，甚至会厚着脸皮去问别人借，就是为了保证不影响这个存款计划。而现在他觉得自己的创业机会就在眼前，所以实在不愿意放弃。

总裁听了他的叙述后，不露声色地说："这样吧，下午我给你答复。"

藤田田离开后，总裁马上去藤田田所说的那家银行打听有没有这回事。银行柜员确认藤田田一点也没夸张，并且认为藤田田是她见到过最有毅力、最有礼貌的年轻人。这时候总裁立刻拨通藤田田的电话，告诉他说，无条件支持他。

藤田田真诚地感谢总裁，而这时候总裁说了一番今天同样值得我们大家深省的话。他对藤田田说："我今年已经 58 岁了，再过 2 年就要退休了。从年收入看，我是你的 30 倍；可是说实在话，到现在为止我的存款还没有你多，仅凭这一点我就自愧不如、对你敬佩有加了。年轻人，好好干，你前途无量。"

不用说，藤田田后来取得了巨大的成功。在他 2004 年去世时，他的个人资产已经超过 40 亿美元。但这一切，都与他当初在 5 万美元基础上的突破性目标有关；如果是按部就班，他就绝对成不了后来的藤田田！

赖在家里不肯工作怎么办

现在的孩子都很"懒"，通常从小就缺乏自主独立，父母只要求"读书、读书、读书"，等到大学毕业才发现，原来自己真的"只会"读书、"不会"工作（或者找不到工作）。几番挣扎后发现，原来不工作在家里照样可以衣食无忧，反正父母也养得起自己，就权当自己还在读书啦。

应该说这也是一种天赋，只不过是坏的天赋。

从表面上看，孩子比较懒（回过头来想想，谁又不懒呢？如果不上班照样能拿工资，而且一分不少，又有多少人愿意上班呢）；可实际上，这是他们对成年人的责任还准备得不够的缘故。其中很重要的一条原因是缺乏财商，不知道或没有能力去赚钱、投资理财。当然，即使这方面有准备的孩子也会碰到各种各样的经济问题，需要父母的帮助和指导。

研究表明，现在的孩子与上一代相比，由于从小受到过度保护，所以担当成人的责任时间要比过去晚 10 年。

也就是说，这些孩子小时候无忧无虑，甚至没有受到过任何挫折、没有感到过失望，在面对真正的现实社会时，往往不知所措。而这，无疑就和父母没有从小对他们进行财商教育有关。以至于有些孩子因为无所事事，整天酗酒甚至吸毒，连这样的钱也都向父母要，让父母感到苦不堪言。早知如今，又何必当初呢！

所以，如果你的孩子已经大学毕业了，或者辍学在家，可是却不肯出去工作或找不到工作，整天在家里睡懒觉、玩游戏，甚至连家务也不肯做，这时候你就要下定决心把他"赶"出家门，而不是继续到处托关系帮他找工作。

要知道，他压根儿就不想工作或找不到工作，不一定是他的错，当然更不是你的错，而是某些社会潮流促成的。赶快让孩子"断奶"，从心理上、经济上解放孩子是唯一的选择。

我有一位邻居，父母都是普通工人，收入不高，日子过得很普通。家里有一个宝贝儿子，读书不聪明，特别喜欢玩电脑，怎么说也没用。后来，家里干脆把网线断了，可是这难不倒他，他照样可以夜里偷偷出去上网吧玩游戏。后来他考上一所职业技术学院，学计算机。父母至此已经心灰意冷，所以一律随他去。

儿子从学校毕业后到处找工作，可是现在的人太势利，好一点的单位连门口招个保安都要求本科学历。无奈之下，他后来进了一家快递公司从事夜班装货，拿最低工资。因为觉得没劲，没做满1个月就不干了，整天在家里玩游戏。

家庭条件虽然不宽裕，但吃饱喝足没问题。父母颇感头疼，但敢怒不敢言。现在的儿子长得人高马大，不是过去的小屁孩了：论理论，父母说不过他；论力气，父母打不过他，只好任其这样浑浑噩噩过下去。即使这样，父母还爱面子，每当有邻居问起，就对外称儿子是在"上夜班"。

有一次，儿子的叔叔来访，得知这一切后感到非常震惊。这个叔叔是狠角色，严厉又霸道，儿子从小就惧他。

叔叔立刻召集这一家三口开会。说是"开会"，实际上是他独自宣布几条纪律：一是从明天开始，儿子必须离开这个家单独生活，每个月允许回来一趟，但不得过夜；二是父母在最初3年内给儿子提供定额补贴，第一年1.5万元，第二年1万元，第三年5千元，按月像发工资一样打在他的信用卡上，3年后分文没有，除非买房和结婚。

父母对此倒没什么意见，因为他们对现状非常不满，早就想改变现状了；可是儿子坚决反对，甚至歇斯底里地咆哮起来，说，你们怎么可以这样待我啊，我可是你们的亲生儿子啊！

但常言说得好，"胳膊扭不过大腿"。儿子看自己再有意见也没用，叔叔的意见在这家里代表着"法律",父亲实在太老实、太"窝囊"了,所以挣扎一下只好就范。

3年过去了,孩子每月回家一趟;随之而来的是,父母可以说是一个月一个月地看着孩子在不断"长大":先是学会了生活自理,自己洗衣、煮饭;然后是完全实现了经济独立,在一家外资内衣店当上了店长,"分管"手下4位售货员;最后是责任心大大增强,与父母的关系也很融洽,并且还在业余时间参加了"专升本"学习。

回顾过去,他非常感谢叔叔及父母当初的"狠心",让他走上了自强自立之路。3年后他已经有了5万多元积蓄,并且正和店里一位漂亮的售货员打得火热,确立了恋情。

不难看出,野百合也有春天。无论多么顽劣的孩子,只要具备相应财商就可以帮助父母摆脱烦恼,自己也生活得很好,从此过上正常人的生活。

东方不亮西方亮

每个人都有自己的长处,哪怕是再顽劣的孩子,也有他独特的闪光点。父母只要善于抓住这些优势把它发扬光大,孩子将来总有"东方不亮西方亮"的那一天。

例如,孩子在学校读书时,无论父母还是老师、他人最关心的是孩子的学习成绩。在人们眼里,学习成绩(说穿了吧就是考试分数)被当作头等大事,有时候哪怕相差一分、做错一道题目,在学校就要受到老师讥笑、立壁角,回家后又要受到父母的严厉处罚,好像犯了什么罪似的。

可是当离开学校多年后回过头来看,这些都不过是微不足道的小插曲而已,不但没有给孩子造成任何损失,而且还可能会坏事变成好事,让他从此吸取教训、下不为例。

2015年暑假,在外地工作的黄君回老家与几位小学同学相聚,很快他就发现这样一个秘密:小时候学习成绩差的同学大多当上了老板、生活过得有滋有味;那些学习成绩好的同学多数是一步一个脚印,生活过得平稳而乏味,解决温饱不成问题,要想有多富裕就很难说了。

他举例说,谢君自己开了个工厂,资产好几百万;王君当上了包工头,城里买了好几套房;另一位王君当初依靠贷款买车跑运输起家,发展到现在,他的运输公司已经拥有60多辆汽车;杨君从卖盒饭起家,现在城里拥有两家大酒店。无论从哪个角度看,这样的"成功"人士都很难得到同学会上以前那些"好同学"的理解,甚至会得到他们的嫉妒。

"好同学"们说,想当初这些人考试总是不及格,作业还不都是抄我们的?有的连大专都没读完。不但学习成绩差,而且调皮捣蛋,老师和同学都很头疼。可是学习成绩好、乖巧听话的我们呢,虽然考上了大学、混了个单位,但基本上是拿死工资,靠自己根本买不起房。两者相比,可以说是一个天上一个地下。

或许这就叫"三十年河东、三十年河西",但不用说,这种变化并不是杂乱无章的,归根到底是财商在起作用。

例如,总体来看,这些学习成绩差、调皮捣蛋的孩子,从小就被老师和父母批评,练就了一副厚脸皮;经常要受老师罚站、受父母皮肉之苦,锻炼出了吃苦耐劳的精神;因为学习成绩差,所以作业做不出来、考试考不及格,经常受挫折,最终的抗挫折能力也强;喜欢搞恶作剧、上课时间翻墙出去打游戏,冒险精神就锻炼出来了;从小被老师、父母看作是"另类",反而使得他们患难与共、更讲义气……

回过头来看,所有这些不都是创富过程中必不可少并且十分可贵的气质吗?这些气质在学校里派不上什么用场,经常受排挤,可是走上社会后却又变成了各种优点。

所以说，父母在对孩子进行财商教育时，一定要有长远远光，眼睛不能只盯着考试分数，更不能由此把孩子看扁了。说实话，很多时候考试分数高反而是"坏事"，因为这意味着这样的孩子善于死记硬背，不够机灵、缺乏创新。

俗话说："金无足赤，人无完人。"父母只要能根据孩子的特点扬长避短，每个孩子都是有用之才，还说不定将来谁不如谁呢！而作为孩子自己呢，也要有这样的自信，不因某个方面不如别人就灰心丧气，甚至失去生活下去的勇气。

1997年，王雨菲从一家商业中专毕业后，进入外资保险公司当推销员。她深知自己的学历不高、长相一般、家庭贫困，但她从小有一股子倔劲，这倔劲就是她的闪光点。

有一天，她去一家公司拜访时，传达室里传出朗朗的英语读书声让她感到好奇。就这样，王雨菲走进去和这位名叫解铭的外地农民工亲切交谈起来。当时的解铭只是初中毕业，月收入300元，但王雨菲隐隐觉得他将来一定会成为自己的客户。

王雨菲经常帮助解铭找资料、找工作，以至于解铭感激地说，将来他成功了，一定要拿出一半家产来买她的保险。

2000年12月，从美国培训结束归来的王雨菲，接到了解铭打来的电话，说他占股份的网络公司已经在香港科技板上市，他的个人身价也已经高达75万美元，所以指定要买她的保险。就这样，解铭的这笔保额102万元人民币的业务，成了该公司当年在中国内地地区最大的一笔个人寿险保单。

王雨菲在随后不久解铭举行的婚礼上接到许多名片，对方纷纷表示早就听说过她的故事，随时恭候她的光临；并且还特地嘱咐她，去的时候一定不要忘记带上一份空白的保险协议书。

就这样，23岁的王雨菲成为这家外资保险公司在东北地区的业务总监，是该公司在全球几十家分支机构里同类职务中年龄最小的一位①。凭什么？就凭她的这股子倔劲！

　　孩子有了这样的闪光点，就一定会东方不亮西方亮。读书时笨一点算什么、过去家里穷一点算什么，都只不过是成功路上的铺路石而已。

---

① 柯柄嘉：《培养小学生财商的100个故事》，九州出版社2009年版，第144页。

第八章

财商培育的家庭作业

俗话说:"实践出真知"。最好的教育方式是亲身体验。平时要利用一切机会让孩子熟悉有关商品、货币、交换、价格、价值、投资、投机等概念。如果可能,让孩子打打工。

制定财产奋斗规划

财商教育的目的是为实战,而这就涉及孩子将来的家庭财产奋斗规划了。所以,当孩子还在读中学时,父母就有必要适当指点孩子如何制定以后的财产奋斗规划了。

这样的规划对孩子来说显然还比较遥远,但要知道,这时候正是孩子形成人生观、世界观的时候,其中必不可少的就包含家庭财政观。

制定一份家庭财产奋斗规划,哪怕这份规划很幼稚、很不确定,也会对树立孩子的人生目标有帮助。孩子没有奋斗目标就会变得浑浑噩噩,甚至经常冒犯传统价值观。

处在这样一个独生子女时代,有些孩子很有意思。他们从小就知道家里的一切将来都是留给他的,所以经常会问你有多少钱(潜台词是你能留给他多少财产)、你的遗产如存折和房产将来会如何分配,等等,让年纪还轻的你哭笑不得。

这时候怎么办?是咆哮还是笑纳?这些虽然也都可以,但不是最佳的办法。较好的办法是,不要以为孩子提这些问题是触霉头,也不要支支吾吾,而是和孩子一起制定将来的家庭财产奋斗规划,把他引导到家庭资产"增值"而不是"分配"上来,把"蛋糕"做大。在研究做大蛋糕和实际做大蛋糕的过程中,都会涉及培养孩子的财商问题。

孩子们说得没错,中国父母所奋斗的一切,将来都是希望留给孩子的,只不过不一定是"现在"。中国父母不可能当孩子长到18岁时就把他赶出家门,这就是传统和现实。不要说他不具备这份生存能力,即使有,你的这种做法也会遭到所有人唾弃。

在这一点上，千万不要轻信某些"专家"说的与国际接轨，接轨不了的。就连他们自己的孩子，也全都在兜着呢。

中国父母的规则是，至少要把孩子培养到大学毕业。等到他们参加工作后，依然会吃父母的、用父母的，父母要为他们接下来的婚娶操心，给他们买房、买车。当孩子有了他们的孩子后，还要继续为他们做"保姆"，开始一轮新的循环。直到自己年纪大了或者病了，躺在床上不能动了，再由子女来照顾自己。

根据这样的特点，父母所创造的财产在有生之年不会随意给子女，也不应该给子女。当然，如果经济条件不错，可以资助子女，但前提是不伤害子女的自尊心。

要特别注意，不要动辄就以避税的理由给孩子买房、买车，这样只会助长他们的享乐思想。孩子觉得钱来得容易，就不会当一回事，也不求进取，更不利于培养孩子的经济责任感。

试想，如果孩子在读书时，父母就给他买了一套或几套在他名下的房子，雇人专门给他煮饭洗衣、打扫卫生，让他去安心学习，这样的孩子会肯外出打零工、做家教吗？

有的父母或许会问，既然这些钱将来都是留给孩子的，现在不一点点给他，还有什么好办法呢？有，那就是请教理财专家。

面对这种情况，理财专家会建议你建立一份符合你价值观的信托基金，既不影响孩子的财商培育，又能达到你的馈赠目的。当然，建立信托基金后你有必要明确告诉孩子。

例如，你可以在信托基金中规定，孩子只有在大学毕业或结婚时才能得到这笔基金。大学毕业时动用这笔钱，主要是帮助他从事个人创业；结婚时动用这笔钱，主要是资助他购买婚房。可以说，中国的孩子只有这两个时候才是真正需要用钱的时候，其他情况下一般都是父母来支付的，孩子不需要用到太多的钱。

关于这一点，可以在制定三口之家的大家庭和孩子一个人独立出去后的小家庭这两份财产规划中体现出来。就好像会计账户中总账和分类账之间的关系。

我国目前还没开征遗产税，但总有一天会开征。等到将来开征遗产税后，确实要考虑怎样把财产留给孩子，但有一点很明确，那就是：让孩子学会管理资产比得到资产更重要！

多多采用启发式问句

父母平时和孩子的交流最多，而你在交谈中采取什么样的问句方式，对孩子的财商培育很有关系。

总的来说，多多采用启发式问句，会有助于孩子开动脑筋，变得越来越聪明。不用说，这不仅是财商教育的事，还与孩子的学习、智力开发有密切关系。

举个例子来说，当孩子提出一个异想天开的想法后，你不能说"不可能！"或者反问"这怎么可能？"而可以改成"想想看，怎样才能做到这一点呢？"

很简单，前者是让孩子"泄气"的话，会阻断孩子的大脑思考；而后者恰恰相反，会开动孩子的脑筋，让他从积极的角度去考虑问题，从而把自己当作一个积极而坚强的人，时时处处以这样的姿态来思考问题、解决实际困难。

也许有的父母会说，明明是不可能的事，怎么还要鼓励孩子"开动脑筋"呢？没错，科学讲求的是实事求是，行就是行，不行就是不行。但你千万要记住，科学是在不断发展的。过去、现在一致公认为"不可能"的事，将来就很可能是"可能"的，甚至是必然的。

回顾人类的发展历史，这样的事例数不胜数。孩子正因为年龄小，没有这方面的"认识负担"，才会敢于创新、异想天开，这其中就不但包含着他难能可贵的睿智，而且很可能孕育着巨大的财富机会，甚至能彻底改变他的命运。

河南有位名叫付坤的孩子，出生在一个教师家庭。从小父亲就鼓励他仔细观察事物、逆向思维，养成了他喜欢开动脑筋的好习惯。

他看到鼠标会在屏幕上动，感到不解，所以想拆开来看看；看到复读机能发声，又感到好奇，所以想解体瞧瞧。

难能可贵的是，付坤的父亲不像其他父母那样对孩子一通训斥，而是进一步启发说："光拆算不了什么，拆了能装上，那才叫能耐呢！"

就这样，好强的付坤渐渐地从"拆卸工"变成"组装师"，一有空就拆拆装装，动手能力大大提高。

随后，付坤的发明创造也层出不穷。从把空牙膏盒的一面粘上双面胶，固定在墙壁上，变成"壁挂式笔筒"；到看到有的小朋友看书或写作业时会把头压得很低，慢慢地变成近视眼，所以发明了一种"预防近视耳机"，戴上它后只要看书做作业时离书本太近就会发出蜂鸣声；再到在公用电话打电话时看到有许多办假证、假文凭的小广告，所以发明"数码防伪学历卡"，只需把它插进读卡器个人信息就会一目了然，假文凭就没有了用武之地；等等。

在别人看来难于上青天的发明创造，在付坤眼里是最平常不过。他轻描淡写地说："搞发明其实很简单，只要对生活多观察、多动手、勤思考，人人都能成功。"他的理想是，将来要得诺贝尔奖。

发明创造成果不断，说明什么？一方面说明这个孩子很聪明，另一方面也说明他的财商高。要知道，"科学技术是第一生产力"，科技创造就意味着有丰厚的专利收入。

事实上，伴随着他先后在法国巴黎举办的第21届尤里卡万国发明博览会获得金奖、在我国举办的第6届中国国际发明展上获得银奖，国内外企业要求重金购买他专利的意向书就纷至沓来了。

回过头来看，付坤的成功与其父母在他小时候多问启发式问句的"作业"就分不开。虽然这种"作业"可能是在有意无意中进行的，但丝毫不影响对孩子财商和智商的启蒙。2009年，付坤顺利考取空军工程大学。

有单独的银行账户

经济社会离不开银行。给孩子开一个单独的银行账户，让他从中更早、更多地了解相关金融知识，对他的财商教育会有很大帮助。

在过去，父母总是让孩子把钱存在储蓄罐里。这种储蓄罐通常是一头肥猪的形象，因为肥猪的肚子大，里面可以盛放更多的硬币。现在这种储蓄罐虽然也有，但已经很稀罕了。

在这里，我并不反对孩子们拥有储蓄罐，但觉得更重要的是尽早让他拥有一个属于他自己的银行账户。

银行账户有许多种，有存折的、借记卡式的。建议给孩子办一张芯片（金融IC卡）借记卡，免费办卡，免收年费，在网上或手机上操作还不用支付转账手续费，方便得很，却可以长期甚至终身使用。

办借记卡时，可以陪同孩子一起去住家附近的银行柜台，是什么银行关系已经不大了。因为现在的借记卡功能实际上差不多，平时主要在手机或网上操作，即使存取款，也能每月在柜员机上免费通存通贷一定次数。

根据现行规定，无论多大的孩子，只要出示身份证或户口簿，都可以为他办理实名制借记卡。孩子稍大，你可以和他一起去银行，让他自己填写相关资料、出示办卡证件；如果孩子还小，这些就需要由你代劳了。

办好借记卡后，孩子会像得到一件意外宝贝似的兴奋和激动，你完全可以在现场看得到。

接下来的问题是，你要趁热打铁，对孩子详细介绍借记卡的使用规则，演示有关存钱、取钱的全过程，以及银行利息是怎么回事，为什么银行要付给你利息，以及利息是根据什么来计算、什么时候结算的。别忘了告诉他还有利息税这回事，虽然现在已经暂停征收了。

现在的借记卡都是多功能的，既可以存活期存款，也可以存定期存款；既可以存人民币，也可以存外币；既可以买国债，也可以买基金，还可以买各种理财产品。并且，如果你有股票账户，只要在股市开业期间，那么这张借记卡上的资金就可以随时和股票账户上的资金转来转去。

从理财角度看，还有一点你需要对孩子说明白，那就是，从表面上看是银行付给你利息，而实际上是你付给银行利息。意思是说，千千万万像你这样的个人，把或多或少的钱存在银行里，积少成多，银行就可以用这笔钱去派用场（投资）。现在银行付给你的利息，实际上只是它们用你的钱去进行投资（主要是贷款给企业，从而收取贷款利息收入，此外还有一部分是直接投资股票、基金等），从投资收益中分给你一小部分而已，它们赚取的才是绝对大头。

这样一解释，就会让孩子对银行存在的作用、功能有一个更深入的了解了。

有的孩子会问，我把钱存在银行里，利息收入是不是越高越好呢？孩子能提出这样的问题，说明他的财商很高，但可惜答案并非如此。

对于存款人来说，同样的存款投资能够得到更高的利息收入，当然是好事，但利率高低涉及太多因素。

从表面上看，利率调整是中央银行（在我国就是中国人民银行）决定的，但实际上，中国人民银行只是"宣布"而不会"决定"利率高低；就像天气预报一样，气象台只是"预告"却"决定"不了未来一周的气温高低和刮风下雨，道理是一样的。

在决定利率高低的各因素中，最重要的是通货膨胀。每当银行宣布要调整存贷款基准利率时，外界就认为政府在采取措施调节通货膨胀了；实际上，这恰恰相反，这只是表明政府在"预告"通货膨胀率会有变动，所以要采取措施，通过调节利率水平来体现未来的通货膨胀率变动方向①,如此而已。这个问题连许多经济学家也经常搞错,但你可以对孩子说清楚。

所以,无论你的存款利息收入有多高,都不会高于实际通货膨胀率。从这个角度看,存在银行里的钱(实际购买力)是年年在下降的,这表明你的财富在不断贬值。

绝大多数工薪阶层有了不多的积蓄后,一方面缺乏良好的投资渠道,买股票吧股市在跌、买理财产品吧觉得不放心、投资房产吧钱又不够;另一方面又不具备相应的投资技巧。所以,他们最先想到的便是存在银行里拿利息,其结果就是财富不断缩水,表现为越来越穷。

这该怎么办?正确的办法是把这些积蓄尽可能多地变成"资产",用它来创造投资收入和被动收入;只把少量周转性资金、临时应急资金存在银行里,以备不时之需。而即使把这些钱存在银行里,如果不是当天要用,购买银行理财产品的收益也要比活期存款和定期存款利率高出许多。

在餐桌上了解全家开销

许多父母工作很忙,每天只有到吃晚饭时,才有时间和孩子团聚。而实际上,这时正是财商教育的好机会。

例如,餐桌上的菜需要去菜场购买,烹饪这桌饭菜涉及全家的大部分开销项目,如水、电、气、油,米、面、肉、菜,盘、碟、筷、碗,每天都是离不开的。

根据家庭收入状况,确定全家每个星期的伙食开支预算,然后让孩子参与其

---

① 严行方:《人民币可以说不》,北京,中国城市出版社,2010年,第36页。

中，既参与菜单制定，又符合预算标准，还要让全家众口皆调，最好是以孩子为主、父母为辅，这就很能锻炼孩子持家方面的能力。

此外，对全家的日常消费逐笔进行记账，把家里每天发生的每笔费用都一笔笔记下来，像会计记账一样，日清月结。不同的只是这种账本不对外公开，只是给你全家人看的，所以完全不必做假账，也不必留小金库。

记账很容易培养孩子的数字感。因为记账时很容易比较出同样的东西从不同的地方购买价格是不一样的（不同商场的价格策略不同），同样的东西在同样的地方、不同的时间购买价格也是不一样的（可能会遇到打折促销），同样的东西在同样的地方、同样的时间购买价格还会是不一样的（同样的商品可能会有不同的包装、规格和服务）。

虽然中国人对家庭记账历来没什么好感（文艺作品中账房先生就很少有正面形象），但坚持不懈地记账，对培养孩子自我管理、自我反省能力确实有不可磨灭的作用。

美国美孚石油（标准石油）公司创办人、人类历史上第一个亿万富翁约翰·洛克菲勒（1839—1937），他的第一份工作就是簿记。他10多岁时开始做生意，找父亲借钱时利息永远是10％，并且父亲永远会在他手头最紧的时候来讨债，这就培养出了他讲求实际的经商之道和冒险精神。他的母亲是基督教徒，洛克菲勒有收入时就在母亲敦促下把收入的1/10捐给教堂，这让他学会了精细、节俭、守信用和一丝不苟。就这样，家庭记账成为这个家族的家风，绵延100多年。洛克菲勒家族历经6代屹立不倒，而其他那些不重视记账的富豪家族早就家财散尽，这实在够耐人寻味的。

值得一提的是，为了让孩子得到锻炼，这种消费记账最好是让孩子自己记，哪怕只坚持一个月也好；只有当孩子年龄太小，你才有必要代替他记，或者一开始时和他一起记，等到他自己能行时再放手让他自己记。

一般孩子的日常消费项目主要是：

食品类别中的牛奶、碳酸饮料、冷饮和热饮、糖果糕点、水果、肯德基和麦当劳、各种小吃、早点、下馆子吃饭、生日聚会开销等；

服装类别中的衣服、裤子、鞋类、帽子、装饰品等；

玩具用品类别中的玩具枪（包括电池）、芭比娃娃、宠物熊（狗、兔）、棋类、积木等；

体育用品类别中的球衣（裤）、游泳衣（裤）、运动鞋（袜）、球和球拍、自行车、溜冰板（冲浪板）等；

交通支出类别中的公交车、地铁、火车、飞机、出租车和私家车费用，汽油费、路桥费、维修费分摊等；

娱乐消费类别中的手机费、通讯费、上网费、QQ会员费、书报费、电影（音乐会）票、碟片租金等；

日常用品类别中的推车、座椅、学步车、理发、清洁剂、花露水、化妆品、洗发水、眼镜等；

宠物费用类别中的宠物食品、项圈、皮带、链条、宠物玩具、宠物的丧葬费用等；

教育费用类别中的托儿费、学费、杂费、文具用品、赞助费等。

从中不难看出，根据本书前面所说的"资产""负债"概念，这些都属于生活消费，毫无疑义属于"负债"类别，是理所应当压缩的。

但消费有消费的用处，如果没有了消费，生命也就无法延续，所以其中能够压缩的只是不够理性的消费和浪费部分。通过压缩不够理性的消费和尽可能减少浪费，把这部分钱节省下来用于添置"资产"，便能更好地去创造财富。

要做到这一点很难，尤其是在目前的独生子女时代，中国父母很舍得在孩子身上花钱，不但父母之间要攀比，孩子之间也会攀比，所以即使家里再穷，也会为了"面子"而咬紧牙关。所以，这一点关键是父母掌握的。

在这里，最大的诀窍还是消费记账。

通过每天记账，尤其是对孩子的每一笔消费都索取发票，好好保留下来，经常和孩子一起回顾、分析，自然而然地就会让孩子包括父母觉得其中有许多钱花得不值、完全可以节省下来，或者用其他方式来代替。

久而久之，孩子就会树立正确的理财观念，这对培养孩子的财商很有好处。特别是一些孩子，原来出门时身上不管带多少钱，回家时都会花得一分不剩，而现在通过这种记账，很容易改变过去的坏习惯，这会让父母感到十分欣慰的。

在超市熟悉经营管理

超市是让孩子熟悉经营常识、了解商业运作的最佳场所。一方面，无论多大的孩子都会对超市最熟悉，有一种天然的亲近感；另一方面，超市里经营的商品种类繁多，和百姓生活最接近，几乎集中了有关经营方面的所有类型。

尤其是一些超市中有吃的喝的（如大型超市中有肯德基、麦当劳餐厅），一边和孩子品尝美食，一边讲解经营知识，便是一种新型的寓教于乐。

所以，从孩子很小的时候起，就可以在逛超市时顺便给他讲解有关商品知识，这主要包括两方面：一是商品本身的知识，如品种、质量、规格、重量、型号、有效期、条形码、产地、真品与假货识别等；二是商品经营的知识，如经销、代销、促销、广告宣传、结算期、折扣、成本、毛利、买一赠一等。

可以说，这方面的内容包罗万象，一辈子都学不完。你想想看，是不是到了你这个年龄，依然有太多太多不懂的地方？从小让孩子了解这方面的相关百科，既非常实用，又是对孩子进行素质教育的好教材，在此基础上更是提高财商的有效途径。

回顾当年我在学商科时，老师告诉我们说，商业活动过程可以概括为五个字："购（采购）—销（销售）—调（调拨）—存（库存）—赚（盈利）"。如果你也能对孩子这样说，并且把这个过程具体化，孩子就能从中得到切身的感受。

当然，你也可以在超市选购货物时，和孩子一起进行探讨。比如在同样买一件商品时，你是怎么从这众多的同类商品中选择这个品牌、这个规格、这个质量、这个价格的。

把这种选择、甄别过程说出来，而不是放在肚子里，孩子就能非常清楚地了解你的购物需求和感受，帮助他作出正确的判断，甚至能指出你还有哪里考虑不周。这是从古到今最好的学习方法：亲身体验。

这些，孩子从小学到的不仅是作为消费者的你的判断，还有他换位思考作为生产者、销售者所得到的心得体会，从而从中发现市场供需矛盾，找到改进的办法。

明白了这一点你就知道，过去如果你进超市购物时，经常把孩子扔在一边，或者随便找个孩子喜欢的东西让他去玩，而你自己则在一旁默默地挑选货物，这种方式对孩子的财商教育是多么大的损失！

当孩子发表自己的见解，认为你应该买他认为"最好"的，或者是电视广告里叫得"最响"的那种商品时，你要做也是唯一能做的是心平气和、不厌其烦地解释，而不是阻止孩子问这问那，更不是嫌他啰里啰唆。

如果你能更进一步，向孩子解释商品的价格与价值之间的区别，以及决定这种商品价格和价值的主要因素是什么；你为什么在购买某种商品时会选择买价格贵的、而在购买另一种商品时却会选择买价格便宜的，那么你的教子方式就真正做到家了。

当你走出超市时，让孩子代替你付款、结算并计算找零，这样又会让他增加一次接触金钱的好机会，从而进一步理解价值和交换的观念，而这都是财商教育中不可或缺的。

经常进行这样的体验活动，孩子能够从中学到许多。有时候你仅仅是去超市购买一件价格很低的小商品，可是孩子从中真切感受到的却是有关商品、货币、经营管理各方面的知识，这是另一种"悟"（孩子从中所学到的）超所值啊。

在证券公司讲解投资和投机

证券投资是现代社会最主要的投资场所之一，所以在方便的时候，带孩子一起去证券公司大厅感受一下那里的气氛，仔细讲解有关投资、投机方面的知识，对提高孩子的财商会很有帮助。

全球首富沃伦·巴菲特，小时候就经常在父亲开的证券公司里玩耍、帮忙，耳濡目染什么叫投资和投机。可以说，这对他后来取得巨大的投资成就有非常大的帮助。

具体办法是：选择一个股票开市时间，和孩子一起去证券公司营业部，告诉他哪里是接待员、哪里是客户经理的位置；如果他们不太忙，可以请他们对孩子介绍一下证券公司从事的主要业务，以及股票投资是怎样开户和运作的，让孩子有一种切身感受。如果孩子感兴趣，可以当场给他开设一个股票账户[①]，协助他填写表格，然后存入部分资金，指导他进行实际操作。

股票交易的最少数量是100股，几百元钱就行了。重要的不是实际盈亏，而是让孩子从中亲身感受投资，以及熟悉整个操作过程。即使发生部分亏损，也权当是交"学费"罢了，与纸上谈兵相比，这种学费交得还是相对"划算"的。

除非你的孩子对有关证券投资的每个概念都了如指掌，否则有关股票市盈率、基本面、技术面方面的分析就不必讲得太细，只要笼统地点一下就行了。

现在，已经有越来越多的父母这样做了，对提高孩子的财商很有帮助。

巴氏投资发起人李浩，一生践行沃伦·巴菲特的价值投资、长期投资理念，

[①] 根据现行规定，个人开设证券账户没有年龄限制，但需出示身份证；如果孩子没有身份证，可以委托父母作为代理人，一起临柜签署《授权委托书》，这时候只要提供代理人的身份证就行了。

在女儿 4 岁时就有意识地给她灌输这方面的知识了。2014 年春节后，他以家人名义给 6 岁的女儿用压岁钱开了个证券账户，教她怎么买卖股票、怎么比较各项指标，在和女儿一起商讨后购买了××电器和××银行两只股票长期持有。2015 年 9 月，在××电器股价从 25 元跌到 16 元时果断套利，3 个月后仅此一项就浮盈 60%。截至 2016 年 3 月，整整 2 年间累计盈利率超过 100%，大大超过同期她小学班主任累计巨亏 50% 的业绩。

除了带孩子到证券公司实地考察，平时让他适当关注一下报纸、电台里的证券分析和财经报道，也会对提高财商有帮助。

谈到投资和投机以及它们的区别，这个话题实在太大了，三天三夜也讲不完。所以，有必要根据孩子的年龄和理解能力，逐步讲给他听。重要的是他能接受多少，并且对此保持一份浓厚的兴趣；千万不要让他感到厌倦，否则就恐怕事与愿违了。

在这里，可以借用美国华尔街教父本杰明·格雷厄姆的一句著名论断："投资是根据详尽的分析，本金安全和满意回报有保证的操作。不符合这一标准的操作就是投机。"[①]

对照这一论断，本杰明·格雷厄姆及其追随者沃伦·巴菲特的证券操作，都是从价值与价格的对比中，选择投资价值大大高于价格的股票买入，并且在其中留有安全余地，这才是属于典型的投资行为。

这种价值投资理论，是目前为止全球唯一能够解释得通的投资依据；其他诸如"有涨必有跌"以及各种曲线图、价格理论，都是似是而非的东西，应该列入投机的范畴。

需要指出的是，一方面，投资行为多种多样，并不局限于证券投资；相反，证券投资包括期货投资、黄金投资等只是其中的一个大类。另一方面，投机也并

[①] 严行方：《华尔街教父格雷厄姆投资智慧全集》，金城出版社 2008 年，第 1 页。

非一无是处，甚至它是活跃社会经济必不可少的构成。

回顾1978年我国改革开放以来的30多年间，已经出现过20次全民致富机会，只不过只有很少一部分"先知先觉"者及时抓住了机会，走向富裕，甚至成为暴富族。不用说，这些人的智商不一定高，但财商一定比常人要高出许多。

这些机会分别是：

(1) 20世纪七八十年代交替的"投机倒把""个体经营"；

(2) 1985年到20世纪80年代末的"乡镇企业"；

(3) 20世纪90年代初的"股票认购证"；

(4) 20世纪90年代初期到中期的"价格双轨制"；

(5) 20世纪90年代中期的"期货"；

(6) 20世纪90年代末期的"国退民进"；

(7) 20世纪90年代末期的"股市暴涨"；

(8) 20世纪90年代末到2002年的"风险投资"；

(9) 2000年至2002年的"互联网机遇"；

(10) 2000年至2005年的"入关机遇"；

(11) 2002年至2016年的"楼市上涨"；

(12) 2003年的"非典"；

(13) 2003年至2007年的"非流通股解禁"；

(14) 2004年至2008年的"开矿热"；

(15) 2008年至2012年的"4万亿投资"；

(16) 2009年至2010年的"农产品炒作"；

(17) 2012年至2016年的"海外代购""跨境电商"；

(18) 2013年至2014年的"比特币"；

(19) 2014年年末至2015年年中的"融资融券"；

(20) 2015年年初启动的一线城市的"房价暴涨"……

不用说，这些机会一开始都是"投机"（风险极大），但回过头来看又是"投资"（几乎没有风险），并最终获利颇丰。

打工，离现实越来越近

财商教育离不开实践，这种实践的最好方式之一是打工。当然，由于主人公是孩子，所以这种打工有着它特定的内容，既可以是干活，也可以是"玩"；既可以有报酬，也可以没有报酬。无论如何，一定要符合孩子的年龄、心理、兴趣、身份特征，力所能及，重在参与。

孩子本身是好动的，所以他们从本质上看并不排斥帮别人做事；不放心的主要是父母，他们既担心孩子的安全问题，又怕因此影响孩子的学习。

安全问题比较容易解决。除了事先告诫注意事项，还可以从地点、程序上把关，杜绝一切不安全因素。

至于会不会影响学习，不能一概而论。一般来说，如果不是小学、中学毕业班，并且是时间较长的寒暑假或长假，适当的打工、接触社会对孩子有利无弊。

所以你能看到，平时经常有机会活动活动、舒展一下筋骨的孩子，学习起来劲头更足，也更聪明。

这是因为他们在活动中会碰到各种各样的问题需要解决，接触到的尽是平时课本上不曾遇到过的东西。有了这样的体验后，知识面会更广。而这正是一种很好的学习，是一种比书本知识更可贵的"无字"学习。

从财商角度看，这种打工要注意以下几个问题：一是内容要与开发财商有关；二是要与孩子将来的"理想"有关（不管他的理想是什么，也不管将来能否实现，让他去试一试总是好的）；三是符合孩子的年龄特征，重点不在于有没有报酬和钱多钱少。

我有一位同学刘君家在常州农村，小时候就对唱唱跳跳表现出浓厚的兴趣，所以父母经常鼓励他在春节期间跟着村里的舞狮队出去拜码头，这样的"打工"让他眼界大开。

9岁时，他就能在春节期间一个人挨家挨户地上门"唱春"①了。干这一行的本来都是成年人，见这么个小孩上门唱春，而且有腔有调，主人都格外称奇，给的酬金也多。

就这样，每年春节期间的几天唱春，刘君所得到的报酬远远超出他全年的所有开销，并且还有结余交给家里。更不用说，在说唱本领方面他得到了锻炼。17岁时，他正式进入武进县锡剧团成为一名专业演员。

打工的目的在于接触社会，锻炼才智。如果通过一段时间的实践，孩子发觉自己这方面不合适，照样可以退出。

我有一位朋友是上市公司副总，家里就这么一个千金宝贝，从家庭条件看，完全有能力呼风唤雨，可是他从小就很注重女儿的品格教育和财商开发，女儿从不娇生惯养。

从女儿上托儿所起，他就经常带孩子"上班"。由于他手下的产业庞大，所以女儿跟着他到过不少地方，但最终仍看不出女儿的志向爱好是什么。于是，在女儿就读南京审计学院后，他开始给女儿灌输一种以后考公务员的想法。

作为大学生，女儿当然知道公务员是现在最吃香的"红领"职业，但她对这一职业并不了解。大学二年级时，父亲特地带女儿参加了一次重要的宴会，与会者都是有一定级别的官员。没想到，女儿最终是高兴而来扫兴而归。

饭桌上，这些官员言谈之间并不避讳副老总的女儿在场，赤裸裸地交流着平时勾心斗角、腐败堕落的心得体会，让女儿感到痛心至极。回去后她对父亲说，

---

① 江苏常州地区特有的一种传统民间文艺活动。春节期间，唱春艺人走村串巷，挨家挨户地上门唱春。一手提黄铜春锣，一手持红木春板，站在人家门口，见人唱人，见物唱物，七字一句，四句一段，内容当然都是些吉利和颂扬话啦。直唱到主人开心、酬以糕团和零钱，再换人家。有时也有两人搭档，轻锣小鼓地合唱。

以后凡是有官员参加的饭局一律拒绝参加,以示不"同流合污"。

副总想为女儿今后的前途铺铺路,所以每当有合适的场合就总是想着带女儿出去,而女儿这时候非要一个个仔细盘查到场客人的身份,只要其中有一名官员就坚决拒绝。

副总拗不过女儿,又不敢欺骗宝贝女儿,再说了,他自己在官场混了几十年,又何尝不知其中的"机关"重重呢?

最终,他不得不尊重女儿的选择,给了她 100 万元启动资金,让她根据自己的兴趣,创办了一家属于她自己的公司。

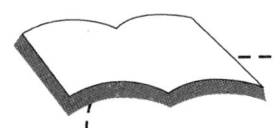

第九章

明确财商教育目标

做任何事情都要有目标,财商教育也不例外。要帮助孩子树立他心目中的财富英雄,重视知识、爱好学习,着重提高个人能力。骨架搭好后,接下来就是丰满学习内容了。

孩子眼里的财富英雄

每个孩子都有自己崇拜的英雄人物，只不过随着时代的不同，这些英雄人物的类型也在不断变化罢了。

不用说，我们小时候崇拜的偶像是各种战斗英雄，而现在这些孩子的崇拜对象大多是娱乐明星、运动员。这不能怪他们，全是媒体一遍遍狂轰滥炸的结果。

在财商教育方面，非常有必要引导在孩子心目中树立一位真正的财富英雄，这种榜样的力量对孩子的影响力不可忽视。这个对象选择得好，说不定就会由此成就了孩子。

从全球范围看，孩子们都喜欢崇拜娱乐、传媒及体育界名人。其中有极少数虽然也是富人，年薪高达几百几千万甚至过亿；但不容忽略的是，其中大多数是"问题"明星，吸毒、斗殴、谋杀、猥亵、强奸、炒作、背叛、欺骗、官司不断，在孩子心目中留下太多的负面影响。

在当今这样一个开放社会，我们没有能力把孩子锁在保险箱里不看电视、不听广播、不玩手机，却有能力也有必要让孩子从小学会辨别是非，告诉他们这些人哪怕再有钱，也会被不道德的风尚所淹没，从而变得一无是处。真正的英雄应当有口皆碑，即使在运动员、歌星、有钱人中，也有许多是真正值得大家所敬佩的，而这些人才有资格充当偶像。

如果不是这样，说不定就会出现美国人所说的那种"那又如何综合征"——我们如父母所说的真的读到大学毕业了，那又怎么样？我们的工作很轻松、收入也比父母高，那又怎么样？我们在单位里爬到了科长、处长位置，那又怎么样？

我们已经成为中产阶级、过上了富裕生活，那又怎么样——事实上，这种综合征已经在我们身边甚至在你的孩子身上蔓延开来，所以绝不能熟视无睹了。

的确，上面所提到的这些都是重要的，但却不是人生目的。扪心自问：我们每天的工作和生活有意义吗？我们过得幸福吗？我们活得有尊严吗？

随着孩子的年龄慢慢增长，他们所关心的话题也在不断转换。即使单纯从财富角度看，也是如此。

所以，父母非常有必要根据他们的年龄和认知能力，正确阐述自己对财富的看法；并且帮助他们树立心目中的财富英雄，说穿了，就是要让他们在这方面具有远大的理想、学有榜样，生活过得充实而有意义。

以当今全球首屈一指的财富英雄沃伦·巴菲特为例，全球有千千万万的人把他当作财富英雄；而他个人的成长经历也很有意思，他小时候也有自己的财富英雄，这为他后来的巨大成就起到了指路灯作用。

推而广之，从全球范围看，一大批像摩根、洛克菲勒、福特、艾柯卡、比尔·盖茨、沃伦·巴菲特、彼得·林奇这样的世界巨富出现在美国，除此以外，更有一大批世界级的金融家、企业家、投资理财家出现在美国，这绝不是偶然的，可以说和他们普遍从小就崇拜财富英雄是分不开的。

顺便提一下，因为美国历史上没有皇室，所以美国的年轻人往往把富人和名人当作自己的偶像，这是和其他国家所不同的地方之一。

例如，沃伦·巴菲特6岁时，就从爷爷开的杂货铺里用每箱25美分的价格购进6瓶可口可乐，然后拆零卖给其他顾客，每瓶5美分。

这是他一生中最早的商品套利实践，容易看出，这里的利润率是20%。特别提请注意的是，在他以后一生的投资实践中，他的年获利率一直稳定在20%左右。

就是这种巨大的复利效应，终于把他在1993年推上全球首富宝座。从那时候开始直到现在，他一直在全球富豪排行榜中位居前五位。

也正因为他心目中从小就有财富英雄,所以沃伦·巴菲特 26 岁第一次创办自己的小公司时,就立志要做全球首富,并经常为此兴奋、烦恼不已。要知道,当时他的积蓄并不多,各方面都看不出他有何能耐会成为全球首富。所以,你完全可以说他是"痴人说梦"。

但毫无疑问,年轻人有梦比连梦也不敢做要好得多;更何况,当时看来的这种"白日做梦"今天早就变成了现实。

关于这一切,并不是事后的杜撰。这在当时他给朋友的信中完整地记录着。是远大抱负,最终成就了现在的他①。

能力是最可靠保障

财商教育的目的,是为了提高孩子创造、掌控、运用财富的能力。孩子最可靠的保障是什么?不是政府,不是工作,不是父母,甚至也不是足够的金钱,而是他自身具备的各种能力,其中理所当然包括财商,而且居于首要地位。

看看我们的周围,无论父母还是社会,教育孩子起来都是一个腔调,那就是"现在要好好读书、将来找份好工作。"

在他们看来,读书、受教育的目的就是为了将来有一份"工作",最好是"好工作",以便能自食其力。

这话初听起来没错,但需要搞清楚的是,他自食其力的其实不是"工作"而是"能力"。

说得更具体一点就是,如果他在工作岗位上不具备相应的能力,那么迟早会丢掉这份工作;相反,如果他具备某种相应的能力,就永远不愁没有工作。即使

---

① 严行方:《滚雪球:巴菲特投资传奇》,中国城市出版社 2010 年版,第 12、18 页。

因为人际关系、企业不景气或小人妒才等因素丢掉饭碗，换个地方就是，这就是俗话所说的"此处不留爷，自有留爷处。"这时候不是他找工作，而是工作来找他，他永远都不愁没"保障"。

读到这里你会发现，我们一再强调孩子将来要找一份"好工作"是多么的荒谬和错误。尤其是一些专门给大学毕业生看的就业指导书，甚至要求孩子对用人单位要投其所好，直至不惜牺牲自己的人格、自由、闲暇时间、起码的劳动报酬、青春乃至于婚姻。哪怕工资再低，也照样有人投简历，甚至为了获得一份"工作""保障"，还会主动提出要求"0工资"（放弃工资）的乞求！

即使在工作了多年的老职工中，这样的情形也比比皆是。2000年，当时的美国联邦储备委员会主席艾伦·格林斯潘，在谈到当时美国的通货膨胀还"不够高"以及"失业率偏低"的原因时说，主要是人们因为期望得到职业保障，而不敢提出提高工资待遇的要求。

看看我们周围，不也是这样吗？随着科技的发展，越来越多的员工跟不上时代发展的要求，他们非常担心有朝一日会失去饭碗，所以宁愿忍受工资越来越低的现实，也不敢吭声。这使得新兴财富越来越多地聚集到了资本家（投资者）手里，社会两极分化越来越严重。

这就是说，本来这些打工者是想通过寻找一份"工作"来拥有生活保障的，可是没想到，这份保障现在越来越靠不住；而即使这样，他们也不愿意离开这份越来越没有保障的"保障"，因为除此以外，他们实在没有其他办法来获得保障。

问题在哪里？很简单，就是因为他们身上缺乏一种在现实生活中生存下去、生存得很好的"能力"；而他们的父母当初在教育他们时，目标就只定格于要他们找到一份"好工作"就行。

殊不知，"三十年河东，三十年河西"，再好的行业也可能会走向没落。从这个角度看，如果有谁要把自己的命运拴在一份"好工作"上，风险可想而知。

不用说，这样的情形在我国目前随处可见。尤其是2016年开始了新一轮的

"去产能化"，全国将会有数百万名员工失去饭碗，这对他们来说就更是一种严峻的考验。

有鉴于此，建议父母们再也不能用老眼光来教育孩子了：接受良好的教育是重要的，但不是唯一的；在接受良好教育的同时，其中必不可少的是能力培养，而财商教育是其中的关键点。

用我自己的经历来说。1993 年我离开工作 10 年之久的政府机关时，组织部门找我挽留说，你的离开对双方都是一种损失，并明示我即将提拔为中层干部，今后公务员的收入将会越来越多。

我是搞财务的，对这些岂会不知？但在我看来，我的"天花板"就是"正科"级（现在人们通常唤作"处长"的位置）。前程可以说是一马平川，甚至可以计算出什么时候"退居二线"、测算出因为坚持财务原则而被"穿小鞋"的概率，月收入更是可以精确到小数点后面两位。

离开市级机关后，我先在国有企业担任总经理，后在新闻媒体担任记者编辑，人生阅历不知要比在机关工作时丰富多少倍，每年的实际收入也要比在机关工作高许多。

现在，我从事专职写作。这是一个被人称作"穿着睡衣赚钱"的职业，书房就是自己的"办公室"。没有人逼着我什么时候起床、什么时候工作或什么时候到哪里去干什么；没有人给我布置任务、写什么或不写什么，一切由自己决定；更没有人和我勾心斗角、时时提防被穿小鞋。只要我的书稿有市场，就永远不用担心有被辞退、"退居二线"的那一天；甚至，连什么时候退休或不退休，也完全由我自己说了算。

当老同事聚会，纷纷抱憾我离开公务员岗位，说现在的公务员待遇有多么高时，他们哪知道我早就已经上了一格更高的象限。但我只能微微一笑，什么都不说。

还是这句话，能力才是一个人这辈子最可靠的保障；不是工作，更不是其他。

书中自有黄金屋

俗话说,"书中自有黄金屋"。意思是说,通过读书考取功名才能升官发财。不用说,这是我国封建社会父母寄希望于孩子"成才"的一条最佳捷径。

然而,现在已经进入市场经济时代,"条条大路通罗马"。"书中自有黄金屋"还成立吗?答案虽然不是绝对的,但依然有一定的道理。这就是说,学历高、知识渊博的人在创造财富的过程中会占先,这也符合教育经济学中"教育是一种投入、投入就必须追求回报"的基本原理。

所以,父母无论内心是否强调读书学习的重要性,对孩子"劝学"必不可少。教育具有社会功能,良好的教育能够让孩子更好地服务社会、从社会那里获取回馈。

日本的孙正义23岁时得了肝病,整整住了2年医院。爱好看书学习的他,在住院期间阅读了大量的书籍,平均每天要读5本书,2年间一共读完4 000本书。

与其他人看书属于消遣不同,孙正义可是个有心人。

他在读完这4 000本书后,写下了自己以后最适合从事的40个行业的发展规划。

当然,一个人不可能从事这么多行业,所以他必须从中仔细遴选。那么,他又根据什么标准来遴选呢?接下来,他列出了从这2年阅读中得到的感悟,一共有25项选择标准,如:该工作是否能使自己持续、不厌倦地、全身心地投入,并且50年不变?是不是具有很大的发展前途?10年内是不是至少能成为日本第一(孙正义是日本籍)?别人有没有可能进行模仿、超越……

用这样的标准一衡量，他就非常清晰地看到，自己过去的理想是成为全球首富；而要达到这一目标，就必须从事最新颖、最具有发展潜力的行业，而这正是自己过去的困惑所在。

出院以后，孙正义马上进军计算机行业，创立了属于自己的公司。

1981年公司成立的那一天，他因陋就简地站在现成的水果箱上，对他仅有的两名员工发表演讲说："我叫孙正义，25年后我将成为世界首富，我的公司营业额将超过100兆日元！"

两名员工一听，掐了掐自己的手腕，断定自己不是在做梦，于是断定这个老板是"神经病"，马上提出了辞职。

可是他们哪里知道，他们的老板在过去2年中已经读完4 000本书，对创建怎样的企业以及企业在未来怎样发展，早已成竹在胸！

他不但模拟自己想创立的事业，分别编制出了10年以后的预估损益平衡表、资产负债表、资金周转表；并且还按照时间排序，编制出了不同形态的公司组织图。就像打仗一样，他早就做好了各种各样的沙盘推演。

正因如此，他才会在1996年3月注资1亿美元给当时还名不见经传的雅虎公司，拥有33%的股份；然后在1998年2月以4.1亿美元的价格卖出2%的股份，投资回报率高达100倍。从而使得他1999年就登上亚洲首富宝座，离全球首富宝座只有一步之遥（当时他的个人身价在700亿美元，全球首富比尔·盖茨的身价为780亿美元）。1999年10月，他又给名不见经传的阿里巴巴投资3 500万美元。别人都说他"疯了"，可是殊不知，他从大量的阅读中能看到别人看不到的15年乃至20年以后的事①。

成功学家陈安之认为，"成功来源于从小养成的学习习惯"，"所有成功者都是善于阅读者"，因为你"掌握的知识越多，就越能与客户找到知己般共鸣的话

---

① 《王者归来：孙正义夺回世界首富宝座》，载《新财富》2014年9月17日。

题"。他以孙正义的大量阅读为例戏言道,"平均每天阅读 5 本书,1 年阅读 2 000 本书籍才能成首富。"

现在,世界已经进入互联网时代,许多人的阅读是从网上阅读或手机阅读开始的,而这又给"书中自有黄金屋"作了更新的诠释。

澳大利亚维多利亚大学经济学家约翰·休顿的最新研究表明,如果现在网上那些绝大多数学术论文数据的有偿阅读服务换成免费公之于众的话,将很可能会产生数以亿计的经济效益。根据他建立的模型,美国 11 家政府拨款的研究机构所拥有的论文数据库,访问率每增加 1%,每年可以带来 2.46 亿美元的经济效益[1]。

对于我们个人来说,可以反过来理解,那就是只要提高这些访问率所花费的投入不多,这种阅读、研究所产生的经济效益就是非常可观的。

可是,这些可观的经济效益又到哪里去了呢?实际上,最终它还是形成了阅读者(你)个人的财富来源和积淀。

智 慧=财 富

人人都知道"智慧"是个好东西,可是有些人会把它变成财富,有些人则不会,还有些人会守着智慧哭穷。

即使在会把智慧变成财富的一群人中,方法和结果也是千差万别。毫无疑问,其中就与他们的财商高低有关。

对孩子进行财商教育,目标之一就是要让他们懂得如何把智慧变成财富;虽然并不是所有智慧都会变成财富,也没有必要把所有智慧都变成财富,但显而易见的是,能够变成财富的智慧更"智慧"。

---

[1]《书中自有黄金屋》,载《三联生活周刊》2010 年 8 月 16 日。

话说过去有一位美国商人破产后,把他的三个儿子叫到跟前说,我现在只有这三样东西了:一本价值100美元的经济论著、500美元现金、一辆价值1 000美元的新卡车,你们各选一项,然后各奔东西吧。

于是,老大选了这本书,在他眼里知识就是力量;老二选了卡车,他想,用它来跑运输应该能解决温饱吧;老三没办法,只好拿了这500美元现金,算是比上不足比下有余,并且现金想怎么投资都可以。

1年后三兄弟聚在一起,谈起各自的收获。

老大说,他在这半年时间里认真拜读和钻研了这部论著,后来在大学里谋到一个差使,成为一名讲师,半年下来讲课费挣到5 000美元,也算是可以了。

老二说,他用这辆卡车跑运输,虽然比较辛苦,但已经赚到2万美元。

老三说,他原来也想要卡车的,可是没轮到,所以后来只好用其中的400美元在旧货市场上买了4辆旧卡车,然后又投入80美元进行维修;一看还剩下20美元,所以就去古旧书店买了一本和大哥一样的经济论著。

他平时的主要任务是到处发名片、联系业务,然后让自己聘请的4位卡车司机去跑长途。而自己只要一有空,就钻研那本经济论著。赚来的钱全部用在了扩大再生产,即继续购买旧卡车、整旧如新后跑运输上,现在的固定资产和流动资产价值应该不低于100万美元。

顺便一提的是,在当时的美国,百万富翁屈指可数。这表明老三在1年中就已经实现了当富翁的愿望,这可是一件了不起的大事。所以老大、老二在对老三祝贺的同时,可以说佩服得五体投地①。

从中看出,1年前的这时候,除了老二跑运输还看不出想用智慧创造财富,干的纯粹是体力活,那么老大是最典型的想通过智慧创造财富的人。可是到最后,殊不知却让老三取得了最大成功,这又是为什么呢?

真正的原因在于,当初商人留下的这三样东西,单独来看其价值都极其有

---

① 周毅:《无限放大有限价值》,载《市场报》2006年11月17日。

限，可是它们在不同的人手里、经过不同的运作方式，最终造成的结果迥然不同。

例如，对有远大志向的老三来说，无论他当初选择的是哪一项，最终都可以把它同自己的抱负结合起来，把有限价值无限化放大，而不是"只见树木，不见森林。"

请各位父母注意，这一点对孩子的财商教育十分重要；并且不仅仅是财商，在其他所有方面都具有参考价值。

过去常说"知识就是力量"，但仅仅有知识还不够；只有把知识变成智慧，才能真正变成财富。

所以你能看到，在任何社会，赚钱人数从多到少的赚钱方式分别是：体力赚钱、技术赚钱、知识赚钱、智慧赚钱；而反过来，他们的财富积累过程和方式则倒了个个。也就是说，全球大多数超级富豪都是依靠智慧来赚钱的，没见凭体力活也能成为首富的。

这也就是全球第一个亿万富翁、美国石油大王洛克菲勒的自信："如果把我所有财产都抢走，并将我扔到沙漠上，只要有一支骆驼队经过，我很快就会富起来。"

时间就是金钱

财商教育中"时间就是金钱"的观点主要体现在两方面：一是复利效应；二是"1年等于100年"。所以，"时间就是金钱"的观念应当明确作为财商教育的目标之一。

从复利效应看。所谓复利是指本金及其产生的利息；复利效应就是把上期的本息合计作为本期本金来看待。

例如，去年年初你用于股票投资的本金是 35 000 元，获利 7 000 元，回报率是 20%；那么，今年年初你用于股票投资的本金就变成了 42 000 元，如果还是 20% 的回报率，那么到了今年年末就会变成 50 400 元，这就是明年年初你的股票投资的本金。

复利具有神奇效应。大科学家爱因斯坦认为："复利是世界第八大奇迹"。

作为普通投资者来说，可以重点掌握复利效应中的"72 法则"——用 72 除以复利率，能够计算出本金翻番的时间。

例如，上面提到的复利率（回报率）是 20%，那么只要经过 $72 \div 20 = 3.6$（年），原来的 1 万元就会变成 2 万元。沃伦·巴菲特之所以能成为全球首富，就是经过几十年时间的复利积累达成的（他的年平均投资回报率约 20%）。

从"1 年等于 100 年"看。你越早进行投资，并从中获利，你就会大大缩短实现财富目标的时间。举个简单的例子来说，如果你今年的投资回报率为 21%，实际上就相当于你把这笔钱存在银行里（年利率 1.5%）的 14 倍，意味着你提前 $14 - 1 = 13$（年）实现了你的财富目标。以此类推。

关于这一点，几乎所有财富人物都是这方面的佼佼者。

洛克菲勒王朝创始人约翰·洛克菲勒，小时候生活在一个名叫摩拉维亚的小镇上。那时候没有电灯，所以每到夜晚，洛克菲勒的父亲总是和洛克菲勒一起面对面坐着，一边喝咖啡，一边天南地北地聊天。有意思的是，他们的聊天话题总是跟做生意有关，实际上这就是洛克菲勒的父亲在有意对他进行财商教育。不用说，这段童年经历对洛克菲勒一生的影响都很大。

生活在这样的家庭中，洛克菲勒 7 岁时，有一次在树林中玩耍时发现一个火鸡窝。他知道，火鸡是大家都喜欢吃的食品，所以如果能把火鸡养大后卖出去，一定能赚钱。

从此以后，他每天都要去树林中看看火鸡有没有孵出小火鸡来。有一天终于等到了机会，就在火鸡孵出小火鸡后暂时离开的那一瞬间，他飞快地跑过去"抢劫"小火鸡,把它们养在自己的房间里,悉心照顾。

到了感恩节时,这些小火鸡已经长大了。洛克菲勒把它们卖给附近的农庄,狠狠地赚了一笔。

小洛克菲勒赚到这些钱后,就把这些钱贷给贫苦农民,允许他们在收获之后连本带利地归还贷款。

从中容易看出,一个还只有7岁的孩子,如果生活在我们的身边,很可能还只知道整天看电视、玩耍、伸手问父母要钱买零食吃;或者是另一种情形:被父母逼着背《唐诗三百首》,或到处上各种学前班、兴趣班。

可是,洛克菲勒在父亲的熏陶下,这时候已经懂得怎么白手起家购置"资产"赚钱,并用这些钱来"以钱生钱"了。这样的经营头脑,不得不令人惊叹和佩服[①]。

俗话说,"年轻没有失败"。因为孩子年纪还小,所以从小对他们进行财商教育,并尽早投入实践,完全可以说"包赚不赔"——因为他们的投入很小,即使亏了也亏不到哪里去,反而可以从中吸取经验教训,为避免以后走弯路打下良好基础。

相反,如果孩子大学毕业后踏上社会才开始这第一步,这时候许多家庭就可能"亏不起"了。

一方面,是成年人投资经营的资金投入大,至少也得有几万元吧,一旦亏损可能会血本无归,还要搭进去几年经历,直至搞得心灰意冷,影响以后的创业和工作信心。

另一方面,这时候正是孩子开始恋爱、结婚的时候,有没有一份有前途的事业,直接关系到恋爱、婚姻质量的高低。不用说,婚姻对孩子的一生具有重要影响。更重要的是,孩子在此以前只要求"好好读书",根本不具备起码的投资、

[①] 刘超平:《青少年财商培养故事全集》,北京,石油工业出版社2007年版,第1页。

理财、创富知识和经验，这时候做什么事情都会眼高手低、心有余而力不足。

那么，怎么来实践财商教育中的"时间就是金钱"呢？

在浙江、江苏一带尤其是浙江绍兴地区有一种传统，过去在生下女儿后总要酿造几坛黄酒埋在地下，等到将来女儿出嫁时再启坛请客。

不用说，这些黄酒埋在地下至少18年了，开坛前让人有太多太多的悬念和联想，开坛后其澄、香、醇、柔、绵、爽更是妙不可言。所以这种绍兴花雕黄酒也叫"女儿酒"或"女儿红"。当然，现在生男孩的人家也会这样做，称之为"状元酒"或"状元红"。

女儿红为什么如此醇香？主要就是时间因素在发挥作用。

投资理财也是如此。小时候的财商教育在假以时日、经过多年发酵之后，同样也是会"香飘十里外"的。

培养经济责任感

所谓经济责任感，是指一个人本质上应当具有在面对经济利益和经济矛盾时，既要有利于自己，也要有利于他人、有利于事业、有利于社会，这样一种基本的判断和行动；并且，当上述关系发生冲突时，要以社会、事业、他人利益为重。

一个人只有做到这一点，才能驱动自己的一生勇往直前，才能感受到这个社会上有许许多多非常有意义的事情值得自己去做，才能体会到自己的存在价值，从而赢得别人的信赖和尊重。

尤其是对于将来要担当社会责任、家庭责任的孩子来说，这一点更是不可或缺。否则，不要说希望他去担当社会角色了，就是连小家庭中的丈夫、妻子角色都很难做得好，说不定就会成为人们常说的"窝囊废"。

那么，怎样培养孩子的经济责任感呢？很重要的一点，就是从小要对孩子进行财商教育，让他们懂得什么是钱，以及与钱有关的一切经济事务及其运动规律；他能懂多少就让他了解多少，实在搞不懂可以在今后的社会实践中去摸索。

然而现在的问题是，绝大多数父母在这一点上做得都很不够。他们不是平时忽略了这方面应有的指导，就是怕难为情、怕麻烦、怕自己讲不清，所以用各种谎言来搪塞孩子。

例如，几乎所有的孩子在小时候都对父母问过诸如此类的问题："我们家很有钱吗？""你有多少工资？""我们家和××家比谁更有钱？"父母对这样的问题往往感到尴尬，通常的回答是用"你长大了就知道了"来打断，而很少有耐心细致解答问题的。

其实，孩子提出这样的问题来，远没有你想象的那么复杂，所以你只要如实回答就行了。

他们的本意，或许只不过是了解家里的收入能不能确保他的生活水平，如他要喝的牛奶能不能每天都有得喝，他要买的玩具是不是能买得起；如果孩子已经上学，他关心的重点就可能是他能不能在学校里安心读书，他想要调到一所收费昂贵的私立学校、重点学校或者干脆去国外读书，家庭条件是不是供得上、需要不需要他来操心家里的经济问题；或者与其他同学相比，自己家里究竟是更有钱呢还是更穷或者差不多？如此而已。

所以，父母应该用心平气和的方式来如实回答孩子的问题，千万不要表露出对钱的仇恨。如果家里实在穷，也要以那种轻描淡写的方式淡化处理，并用坚定的语气表示"以后一定会好起来的"；如果家里条件很好，担心告诉孩子会到处乱说以至于露富，这时候虽然也可以善意欺骗一下，却要避免"你长大了就知道"这种糟糕的回答。

在孩子看来，"你长大了就知道"这句话，意味着你看不起他，认为他还小、不懂事、对他说了也是白说。

现在的孩子可精明着呢。哪怕他年纪再小，也可能懂得许多事情，只不过没有在父母面前说过罢了。说不定，他曾经就对他的"死党"透露或认真探讨过这个问题。

孩子本来或许是懂得这个道理的，此前你所说的他也懂，至少是似懂非懂；可是现在你这样一说，他会觉得你侮辱了他的智商，从而使得你过去的教育效果大打折扣。

那么，碰到孩子的提问父母感到他不理解的内容时，怎么对孩子说才比较好呢？最简单的办法是打个比方。通过一个小故事，让孩子明白究竟是怎么回事就行了，这也是目前成人培训中最受欢迎的案例教育所采取的一贯方法。

例如，如果你想宽慰孩子在这方面放心，就可以告诉他说，爸爸妈妈每个月的工资收入加起来，虽然比××（同学）家里少一点，可是会比××（同学）家里多，所以"你尽管放心"好了，该买的东西爸爸妈妈一样会给你买，不该买的东西我们就得算一算，能省则省，不能浪费。

你这样说，孩子是否听懂了什么呢？很难说，这要看孩子的年龄和理解能力，要看他是随便问问的还是有备而来。但无论如何，这比说"你长大就知道了"要好得多，并且会引发他对家庭经济问题的关注，甚至要摩拳擦掌为改善家庭经济条件出一份力。虽然这时候并不能保证你说的是真话，但事实上对孩子来说，或许就已经达到了应有的效果。

不在一条道上走到黑

我周围有许多熟人日子过得并不好，不是过得越来越不好，就是一生中最辉煌的时候已经一去不复返。所以，他们哪怕拥有再多的钱，哪怕永远不用担心还会出现过去那种吃不饱肚子的日子，也还是过得不开心。除了怨这怨那，就是满腹牢骚。实际上，这就与他们过去"在一条道上走到黑"有关。一旦"黑"暗来临，没有任何变通，就只能自暴自弃。

这个道理很简单，但千万不要以为你早就悟到了。事实上，我们周围有太多的人正在沿着这"一条"道勇敢地奔向远方，而全然没有考虑还有没有别的选择。人无远虑，必有近忧。处在这样一个变革的社会，这些人可谓是前途堪虑。

这条道就是所有父母最熟知的"读书—工作—勤勤恳恳地上班—升职或不升职—退休—安度晚年。"初看起来，这样的安排并无什么不妥，但事情全然不是你所设想的那样，并不是你想这样就能这样的。

确实，回过头来看，我们的前辈多是如此。但那是计划经济时代，一生只干一份工作，并且不用再去进修学习也能一直混到退休；可是从全球来看，自从1989年柏林墙倒塌以及互联网出现，全世界的就业规则就都发生了巨大改变。

通俗地说，计划经济时代的人是越老越值钱，同一岗位上的员工，永远是年龄大（工龄长）的工资收入高；而现在已进入市场经济，放眼望去，企业中普通岗位上的高薪收入者多是年轻人。这就是区别。

绝大多数职业都有一条通向职业生涯终结的韧线，而这条韧线并不到退休年龄。就像在比赛激烈的长跑运动中，你还没有到达终点时就不得不提前退出，或者有新的、比你更强的运动员冲在了前面，或者是你本身的体力、精力、知识大不如从前。虽然这时候你或许仍然在队伍中，但已经需要不得不放缓脚步；更多的时候还会被勒令退出，宣告你的职业生涯提前终结。你梦想得到的鲜花和掌声，从此没了你的份。

所以能看到，无论企业员工还是公务员，都有太多的这种情形。在企业里，你是首当其冲的裁员对象，因为你的年龄大、体力弱，企业希望录用体力充沛、新生事物接受能力强的员工，他们的工资支出也低。在机关里，哪怕你精力再充沛，也有硬性规定提前多少年就必须离岗休养的。这时候虽然你可能仍然保留着原有收入和职级，但你的心里比谁都清楚，你已经被这个时代和岗位所抛弃，变成一个"可有可无"的人。

那么，不同职业的韧线究竟有多长呢？澳大利亚的研究表明，平均来看，体操运动员的职业生涯是 14 年，模特儿是 25 年，设计师是 30 年，律师是 35 年……

也就是说，过了这个职业"有效期"，你就可能要走下坡路了：原因可能是体能上的，如模特儿的容颜衰老、运动员的身体机能衰退；也可能是精神上的，如工作中经常出错、设计师的创意不再有新意；还可能是精力上的，如人际关系紧张、离婚、疾病等。遗憾的是，这时候你都还没到正常的退休年龄。

怎么办？财商教育的目标之一，就是要让孩子知道：处于现在这样一个变革社会，非常有必要不断学习新事物、建立新思想、掌握新本领，而绝不是有些父母所说的"你什么事都不用管，只要把书读好就行了！"

要知道，无论是谁，如果依然抱着过去那种"读个好学校、找个好工作、待上一辈子"的想法，到后来一旦面临变革，就可能会有"末日来临"的感觉。

在我所在的居民小区中，有两大阵营非常突出：

一部分是原来在企业工作的，可能还当一点小官，可是这个企业越来越差劲，最终不是因为破产倒闭被提前内退，就是被迫买断工龄告老还乡。工资很低，想重新就业，才发现自己原来一无所长，最终选择的多是保安岗位，拿最低工资，就这还拉不下面子。

另一部分是原来在机关工作的，熬到这个年龄，一般都是处长、主任。正当年富力强时，却被告知要"一刀切"提前离岗。五十来岁的大男人就这样被勒令在家里休息，"不需要"你工作了。

在前一种企业内退人员看来，公务员们提前离岗，在家里休息休息，工资一分不少，要多舒服有多舒服。可是殊不知，后者仍然是一肚子牢骚：大权旁落、人走茶凉，要多难受有多难受；有的也想出去发挥余热，猛然一看自己的本领就是一套"高大上""假大空"，企业根本不欢迎，所以只能在家里耗着。

这时候再来看拥有一份自己事业的那些人，他们却一个个干得热火朝天。经过多年锤炼，他们的企业早已走上正轨。他们中多数人聘请了职业经理人在帮自己打理着，不但永远不担心会有"失业"、被人"勒令"离岗退养的那一天；而且，每年都开着自驾车组团去西藏、新疆等地旅游个把月，过上了那种被人称为财务自由的生活。

他们普遍的作息时间是：上午喝个早茶，看看报纸、看看新闻；下午到处走走，喝个下午茶，然后打打乒乓球、游游泳；晚上通通电话、会会客，娱乐娱乐。容易看出，这两种人过的是完全不同的生活。

凭什么？就凭后者拥有一份自己的资产（企业），不在哪"一条道上走到黑"的轨道上。他们，早就"出轨"了。

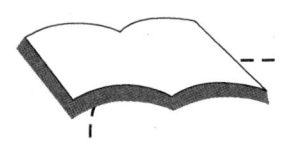

第十章

修正几个错误观念

人人都希望孩子将来幸福、"有钱",遗憾的是大多数父母的观念是错误的。以其昏昏使人昭昭,只能让孩子的财商教育越走越远。即使不是南辕北辙,也可能会离题万里。

钱多就是财商高

钱多就是财商高。

错。钱多钱少并不意味着财商高低。

财商的概念是与智商相提并论的。谈财商虽然离不开钱，但并不是简单地用钱多钱少来衡量财商高低的。说到底，财商指的不是钱，而是投资收益的能力，是掌握、控制、运用钱的智慧（能力）。

先看智商。智商高的人肯定聪明（聪明本身就是指一个人的智力发展程度），只是不一定非得表现为学习成绩好。

正如本书前面所说，学习成绩的好坏（具体地表现为考试分数高低），只是反映一个人7种能力中的语言表达、数学逻辑能力较强，无法反映音乐、空间关系、身体运动、人际交往、自我反省能力。说穿了就是，学校里不考这些东西；如果要考，智商高的人便不一定会占先。

不但不一定占先，实际上还往往相反。经常可以看到，学校里学习成绩好的孩子，音乐、体育方面一无所长；音乐、体育方面好的孩子，学习成绩一般较差。老天就是这么安排的，两者都非常出色的也有，但很少。

这就是为什么一些孩子巴不得学校里能经常举行运动会、音乐比赛的原因。因为只有到这个时候他才有机会崭露头角，才能看到老师的笑脸。如果论学习成绩，他们整天在班里灰溜溜的，说多了全是泪。

财商也是如此。财商包括许许多多方面，涵盖一个人掌控和运用财务、避免财务陷阱的能力，并不必然表现为很高的经济收入、住着漂亮的别墅、有多少辆私家车等。

换句话说，财商高低和你的钱多钱少没有必然关系，它反映的是你的挣钱能力，你能留住多少钱，以及这些钱能为你贡献多长时间。

随着一个人年龄的增长，得到的经济收入一般也会越来越多。而这时候，你会看到截然不同的两种情形：一种人，随着收入越来越多，工作压力越来越大，夫妻矛盾越来越多，甚至钱少的时候家庭还算幸福、生活富裕了反而要为钱闹离婚；另一种人，随着收入越来越高，个人自由越来越多，幸福指数越来越高，家庭财务进入良性循环，工作和生活不但没有压力，反而充满乐趣。

实际上，这就是财商高低在起作用。简单地说，财商高的人善于调整财富和自己心情之间的关系：财富越来越多，心情也越来越好，家庭越来越快乐。这时候他虽然仍然在工作，但并不是不工作就没饭吃了，而是把这种工作建立在快乐的基础之上。做到了这一点，就能充分显示一个人的财务智慧来。

随着年龄的增长，一个人追求快乐（当然还有健康）的心情越来越迫切；事实上，快乐对他的重要性也越来越大。

正因如此，乐观的人才会说"钱不会带到棺材里去"。意思是说，钱是为人服务的；如果这种钱只是单纯地存在银行里、不能为你提供服务，实际上就不但没有产生应有的作用，而且还反映出你的财商较低。

快乐的主要表现之一是自由，尤其是财务自由。当一个人感到自己的财务自由度、活动自由度越来越大时，就一定会感受到快乐。

具体来说，当一个人可以自主决定买什么不买什么，根本不需要考虑钱够不够的问题；可以自主决定上班不上班、到哪里上班，根本不需要考虑会降低原有生活水准；可以自主选择投资什么不投资什么，根本不需要考虑是不是有人强迫自己投资；可以自主选择捐助或不捐助某个慈善项目，根本不需要考虑面子问题；可以自主决定说什么或不说什么，根本不需要考虑舆论压力；可以自主决定参加或不参加什么（团体、会议、宴会），根本不需要考虑一切虚的东西……那么不用说，这种自由境界下的他，就一定是幸福快乐的。

而要做到这一切，不但需要一份较高的收入来源，更重要的在于怎样合理安排、使用这些收入。

常常看到，在各方面条件相差不大的两个富裕家庭中，一个过得潇洒自如，一个则整天忧国忧民，实际上这就反映着两个人的财商悬殊。

孩子对钱没概念

孩子对钱没概念。

错。孩子是人，不是木头，是从小就知道"钱"的。

有些父母之所以说孩子对钱没概念，实际上是指他们对数字不敏感。而缺乏数字感，今后则很难轻松地面对理财话题。

数字感的训练并不能指望靠简单的加减乘除，重点在于比较和分析。

例如，家里如果要添置一台电视机，这时候就可能会有两种选择：一是一次性付现金4 200元；二是分期付款，首付2 000元，接下来6个月每月付400元。这时候就可以让他算一算，哪种付款方式更合算？

又如，一只价格20元的股票，当股价跌到10元时跌幅是50%，可是从10元再涨到20元时涨幅却是100%。这里的10元、20元、50%、100%之间是什么关系，涨容易还是跌容易？经常用这种方式来和孩子探讨，就能慢慢培养起他的数字感来，把原本空洞的数字转换为非常直观的感受。

不过要注意的是，孩子从小到大，对钱的概念是慢慢形成和深入的，这就要求父母根据孩子的年龄因时施教。

一般认为，在这方面可以根据年龄大小分为以下四个阶段。

第一个阶段是学龄前（0～6岁）

2岁以下的孩子的确对钱基本上没概念，但会通过对父母的察言观色来考察钱的大小、好坏。例如，在一大把钱中，如果要他选择的话，一般总会挑选面积较大、而不是币值较高的，如5分的硬币比1角的要大，所以他会挑5分的；100元的纸币比10元的大，他会拿100元的。因为这个年龄的孩子对钱基本上没概念，他只是凭借天性来选择。

相对而言，这个阶段你对孩子说钱好、钱坏都没有关系，他更看重你的表情和态度，这是最关键的。

3岁的孩子仍然不知道买东西要付钱，所以他们见到东西就会"据为己有"，因为他不会把商品和钱两者联系起来考虑，但已经会观察父母对商品和钱之间的关系。如果你们夫妻之间经常要为钱争执，孩子就会感到钱不是好东西。

4岁的孩子已经对钱有一点概念了，所以这时候父母就可以直接和孩子探讨有关钱的话题了。所要注意的是，这时候一定要用一种心平气和的态度，不要迷恋钱，也不要把钱说得一无是处。尤其是不要在孩子面前发"水电费又涨价了"等牢骚，让孩子迁怒于钱。

这个阶段最重要的是，要让孩子尽可能地少看电视广告。那些专门针对孩子的电视广告，百般挑逗把孩子的正常消费需求推入不正常状态，容易让孩子稀里糊涂地就进入虚拟世界。

在减少看电视广告的同时，从孩子3岁开始就要养成储蓄习惯，让他懂得"想要"并不等于"需要"。

第二个阶段是小学阶段（7～12岁）

小学生已经能够较好地区别"想要"和"需要"的差异了。例如，他"想吃"一根冰淇淋并不等于这时候他确实非常"需要"吃冰淇淋，所以可以适当地解禁看电视广告了。之所以还没有说完全不加限制,是因为这种广告渲染对培养孩子正确的财商思想依然有不小的危害。

由于这个年龄段的孩子通常能自己独立购物了,所以,这时候科学指导他们的购物行为十分重要。这就又涉及了怎样给孩子零花钱的问题。

一般认为,孩子容易冲动购物,所以给孩子零花钱的时间越早越好。一开始也许他们会凭冲动购物,可是等到钱用光了会后悔该买的东西已经没钱买,才会慢慢学会如何协调冲动和理性的关系,由此锻炼财商。

第三个阶段是中学阶段(13～18岁)

这时候的孩子已经进入青春期,是形成人生观和世界观的重要阶段,所以,当务之急是让孩子养成经济责任感。

这时候父母在和孩子谈论金钱话题时,有必要把商品的价格与其价值、使用价值进行对比,让他明白什么是物有所值,学会如何设计并制定合理的开支计划。

不要以为这些东西对成年人来说很简单,可是对于孩子们来说并非如此,所以亟须得到你的指导。这项工作做好了,不仅对孩子的财商,而且对他的一生都有重要影响。

第四个阶段是青年阶段(18岁以后)

这个阶段的孩子已经上大学,或者已经踏上社会或即将踏上社会,所以,帮助孩子尽快进入并适应社会,就成为一项非常有挑战性的任务。尤其是收入较高的父母,他们的孩子因为过去受到过度保护,对进入并适应社会更显准备不足,即使是赴外地读大学也会不习惯。从这一点上看,穷人的孩子"早当家"、穷人的孩子"更懂事"有一定的道理。

简单地说,孩子踏上社会后最怕的是经济独立,而父母这时候要做的恰恰是让他尽早经济独立。只有这样，他才能明白一个道理：要想过上舒适的生活，必须首先付出，并进行科学规划。

关于这一点，国外做得比较好，我国则不敢恭维。实际上，这就像把孩子扔在游泳池里让他学游泳一样，让他呛几口水，比坐在沙发上看电视里教怎么游泳效果要好得多。

孩子用不着有自己的钱

孩子用不着有自己的钱。

错。孩子拥有自己的钱，会更有助于培育财商。

一般认为，孩子从三四岁开始就已经对钱产生兴趣，知道买东西是要付钱的，不能白拿。所以，这时候就应该给孩子零花钱了。孩子拥有一份属于他自己、他有权支配的钱，能够更好地体会到家庭成员一分子应该享有的权利，更密切地了解社会。当然，这离不开你对他的良好指导。

大多数父母都会把给孩子的零花钱以及零花钱数量的多少，与听话、学习、做家务等挂起钩来。不过专家指出，在这些挂钩中，最好是与做家务脱钩。

从实践中看，零花钱和做家务挂钩很难取得好效果。能看到，直到现在，父母和孩子之间关于做家务的斗争依然持续不断，很少会出现"双赢"局面：你越是强调这一点，孩子就会越觉得父母应该为他所做的所有家务付酬，并且会得寸进尺。与其这样，还不如干脆不要把零花钱和做家务挂钩。考核目标明确，本是有效管理的应有之义。当然，如果你的孩子在这方面不是太计较，则又另当别论。

那么，怎样把给孩子的零花钱与财商培育结合起来呢？

对于这一点，除了大家都能想到的和孩子一起制定零花钱使用计划，计划消费、理性消费、量入为出等；作为想把孩子今后培养成国家栋梁之材的父母来说，还有必要眼光考虑得更远一点，即跳出个人事务，把它与整个社会、国家的命运结合起来。尤其是一些父母希望孩子今后担当"天将降大任于斯人也"的男孩，这一点就更加重要。

实践证明，"穷人的孩子早当家"确有一定的道理；相反，大多数出生富裕家庭的孩子，哪怕他拥有再多的零花钱，衣来伸手、饭来张口，家里还有保姆，就会缺乏对现实社会包括经济生活的基本了解。

例如，这样的孩子不知道自己的父母为什么会赚这么多钱、为什么自己的零花钱总要比别人高出好几倍；哪怕孩子的年龄再小，他也会切身感受到人与人之间的贫富差别，而这又会影响到他今后在与人交往过程中对别人的看法，进而形成他特定的人生观、世界观。遗憾的是，许多父母对此疏忽掉了，以至于这些孩子长大后对社会上存在的贫富差别缺乏应有认识，也不知道如何与别人进行相处。

具体地说就是，他们根本就不了解世界上究竟有多少穷人，他们为什么会这么穷？也不知道这些穷人的日子苦到什么程度，怎样才能帮助他们消灭贫穷？甚至，除了自己的家庭以外，他们更不了解占人口多数的农民、农村和农业了，不了解起码的中国国情。

而显然，这都是孩子将来成为政治家、企业家、社会研究工作者甚或普通公民所必需的一项基本素质。

那么，父母怎样来帮助孩子弥补这一点呢？可以试试以下办法：

在孩子5岁以前，就应该逐步告诉他，世界上并不是所有小朋友都有他这样的玩具，许多小朋友不要说每天喝牛奶了，就连饭也吃不饱，没有衣服穿，更没有玩具。这样，就会让他对贫富差别有一个似懂非懂的认识。

等到孩子稍微长大后，可以做个游戏，让孩子从游戏中了解现实社会中贫富差别的严重性。

例如，可以邀请5位年龄差不多的孩子，让他们围着桌子坐一圈；桌子上摆着孩子们最喜欢吃的100块巧克力或其他食物。首先，让其中的一位孩子一个人拿走41块，剩下的给其他人分，看他们怎么分，会不会有矛盾（这实际上意味着我国最富有的10%人口占有41.4%的社会财富[1]）；或者把这些巧克力按照下面的规则分配给5个孩子，分别为4块、8块、14块、22块、52块，看他们怎么分（这代表的是我国社会贫富差距现状，具体数据是：最低的20%人群拥有4.25%的社会财富，第二个20%是8.48%，第三个20%是13.68%，第四个20%是21.73%，最高的20%是51.86%[2]）。

不用说，这样的分配一定会让孩子们矛盾四起，而这就是我们今天面临的贫富差别现状。对此又可以引出许许多多孩子们感兴趣的话题来，等待父母用足够的知识和耐心去进行解答。不要怕麻烦，它对孩子的成长非常有帮助。

谁说孩子不需要有自己的钱？从钱展开的教育内容可多着哪。

我家的孩子（不）会花钱

我家的孩子（不）会花钱。

错。每个孩子都花钱，只不过技术含量高低而已。

这个观念中其实包括两种截然不同的含义：一是"我家的孩子会花钱"，二是"我家的孩子不会花钱"。

"我家的孩子会花钱"，这里的"会"是"擅长"的意思，即孩子"很大方"，含褒义；"我家的孩子不会花钱"，这里的"会"是"肯"的意思，即孩子舍不得

---

[1] 胡贲、寇爱哲：《中国式贫富分化的数据之困》，载《南方周末》2010年6月14日。
[2] 资料来源：国家统计局网站 http://www.stats.gov.cn/tjsj/qtsj/gjsj/2007/t20080630_402489050.htm。

花钱、"很节约",同样含有褒义。

为什么会这样呢?除了俗话所说的"儿子是自己的好"的感情因素,只要一谈到孩子,无论他舍不舍得花钱,在父母眼里总是可爱的,除此以外还与父母本身的观念有关。换句话说,有些父母认为孩子会花钱是好事,有的则相反。

本书对这两种截然不同的观点不作评论(实际上也确实不能一概而论,因为每个人的经历、背景、价值观不同),但请大家能注意这样一种现象——小时候大手大脚请朋友花钱或者吃饭的人,长大后仍然会大手大脚地花钱,并且他们也通常有实力大手大脚地花钱;小时候就舍不得花钱,把钱看得比命还重要,每当需要他掏钱就先溜之乎也的人,长大后依然是这副德性,奇怪的是他们中的大多数人确实过的是拮据的生活。

如果你不信,可以看看你周围的人是不是这样?而且个人是这样,国家也是如此——放眼全球,储蓄①率越高的国家越贫穷,储蓄率越低的国家越富裕。

如果你了解银行底细会发现,许多穷人平时省吃俭用,有了钱就往银行里存,普通家庭的银行存款也往往高达几十万甚至上百万元;相反,许多花钱如流水、资产几千万的富豪,他们的银行存款却不过只有几十万元,比前面这些普通家庭还"穷",就能说明这一点。

这就是金融家们所说的,所谓银行,就是一个"把许多舍不得花钱的人的钱聚集起来、交给那些喜欢花钱的人去花"的地方。

这种越是花钱的人好像越有钱、越舍不得花钱的人越好像没有钱的现象,与我们祖祖辈辈一代一代传下来要"从小节约"的观点,为什么会截然相反呢?

究其原因在于,"会花钱"本身就意味着"懂得花钱",说明他懂得哪些地方该花钱、花得值,哪些地方不该花、花得冤。一个"会花钱"的人智商绝对不低,基本上不会被商家的花言巧语所迷惑,每次花钱都会花得很值。而那些"不

---

① 这里简单地用储蓄率高低来衡量一个人、一个民族舍不舍得花钱。这里的储蓄泛指一切不直接进入商品生产流通领域的货币,既包括现金、银行存款,也包括股票、债券、基金、黄金等。

会花钱"的人，如果不是心甘情愿过苦行僧生活，就表明他的花钱实际上并没有计划，这样的人不要说生活品质了，就连生活乐趣也谈不上。

更不用说，"水涨船高，人抬人高。"就在你大把大把花钱的过程中，实际上已经把别人"抬高"到了一个高度，一旦将来有财富机会降临，就到了别人"抬高"你的时候了。

还是回到这句话上来：钱本来就是为人服务的，本来就是用来周转使用的。富豪当然不会没有钱（否则也就称不上富豪了），但他们的钱却不是放在银行里，而是用在生产经营过程中，在以钱生钱。穷人的钱或许虽然看起来也多，却不过是寄存在银行里，每年的获利率低于通货膨胀，所以实际上是每年都在贬值，结果必然是越来越穷；更何况，穷人的钱越存越多，现金流出多、流入少，必然就要压制消费了。

这里需要强调的是，上面所说的花钱并非是指浪费。在任何时候，浪费钱财都是不能称为"花"钱的。

另外就是，无论孩子是不是会花钱，你都不要用贿赂的办法来对待孩子。"重赏之下、必有勇夫"无论对学习还是对孩子，都是不足取并且非常有害的。

例如：有的父母会对孩子说，"这次数学考试你考100分，我们就给你100元奖励"，诸如此类。这种做法的最大弊端是，它会在孩子头脑中形成一种"认真复习、好好考试的目的，就是为了得到父母的爱和金钱奖励"；一旦没有考到100分，他就会在失去这100元奖励的同时，也失去你的关爱，从而感到一种深深的失落——失落的不仅仅是这100元奖励，更有父母的爱。

想想看，一些孩子后来过于迷信金钱的力量，在学校读书时就"买分"（用钱买别人冒充父母的签名、代替自己做作业），踏上社会后甚至发展到"买醉""买淫""买凶"等等，是不是就有这种影子在内呢？

更何况，你现在用钱来刺激孩子（美其名曰"奖励"），一旦他"不稀罕"

你这奖励了，你还能用什么招呢？

聪明的孩子将来收入高

聪明的孩子将来收入高。

错。孩子将来的收入高低与聪明与否没有必然联系。

聪明的孩子确实通常智商较高，有机会接受更好的教育。而不用说，教育也是一种投资，有投入就要求有回报。所以，从一般意义上说，聪明的孩子因为受教育程度高，将来参加工作后的年收入也应当比较高。

但这里有两点要注意：一是这是就总体上而言的，具体到个人则不一定；二是这一点在计划经济时代显而易见，但是在当今市场经济时代，尤其是从事个人创业的人群中，两者之间的关系已变得越来越模糊。

在收入高低与智商关系越来越模糊时，它与财商之间的关系则变得越来越紧密。

一个有趣的现象是，在毕业多年以后的同学会上往往会发现，当年在校学习成绩差的男生大多会成为老板，而成绩好的男生则大多在别人手下打工；当年成绩差、人长得漂亮的女生大多会嫁给老板，仅仅是成绩好的女生嫁的大多数是老板手下的职员。

这正应了一句老话："好男当老板，好女嫁老板。"可是"好男""好女"为什么要和"好学生""差学生"相反呢？

所以，当你现在听到大学和高中里流传着这样一句顺口溜时，就不会感到奇怪了："一流学生就业，二流学生（出国和）考研，末流学生创业。"轻描淡写之中，这些孩子将来踏上社会后的命运似乎就这样被安排掉了。

公平吗？不公平。不公平吗？也公平。

究其原因在于，成绩差的学生往往财商高，所以他们踏上社会后理所应当混得不错。当然，这种混得不错，并不是说他们有一份好工作或者做了个小科长、小处长什么的；相反，他们手下领导着一帮小科长、小处长，或者可以用种种办法来指挥这些小科长、小处长干这干那。

说成绩差的孩子财商高，虽然不是必然的，却有因果关系。众所周知，我国的教育制度是围绕高考这根指挥棒转的。一些头脑相对简单、善于死记硬背、在老师和父母面前听话的孩子，考试分数更高，自然就成为父母、老师、高考指挥棒眼里的"好学生"，从而有机会上大学，毕业以后找工作，然后顺理成章地进了"单位"。

而那些头脑活络、敢于质疑、精力旺盛的孩子，则常常因为不听话而遭父母、老师训斥，最终对这种枯燥乏味的死记硬背失去兴趣，慢慢地就成为了"差生"。

这些"差生"在学校、家中得不到应有的关爱，所以就把精力用在其他地方，如观察社会、打架斗殴，跟着父母学生意、学干农活，结果在实践中学到了许多新东西。

尤其是现在的孩子，一旦感到升学无望，不论是他自己还是父母就都会希望他早点踏上社会，所以和社会的结合程度更加紧密。当他们踏上社会后，往往会感到如鱼得水。

因为学校教育体制下的这种贴标签方式，社会上一概不承认。所以这些"差生"进入社会后，面对丰富多彩的人生舞台，一切都感到好奇，一切都敢于冒险、敢于开动脑筋，所以很容易就找对自己的角色。

相反，那些在老师、父母眼里的好学生，几年大学读下来脑筋更加僵化，纷纷倾向于寻找一种安分守己、按部就班的工作。一旦不如意则怨这怨那，而一旦加入这个行列中去，就会自觉地成为一名麻木的执行者，仰人鼻息。

不用说，这里已经能明显地看出他们之间的财商高低来了：

一个是已经在社会上闯荡几年，有了一定的社会经验和资金积累，对今后自己应该走一条什么样的人生道路已经有了很好的规划；并且，这种规划也符合实际，马上就可以投入实践。不用说，其中大多数人是首选创业、自己当老板的。这样，创业成功了，生意会越做越大；一旦失败，吸取教训、从头再来就是，失败是成功之母，总有一天会成功。

而另一个这时候大学刚毕业，没有任何工作经验，却要单枪匹马四处奔波找工作，有的还要带着大学里谈的男女朋友一起找。并且是低不就、高不成，工资收入、工作环境不理想的不去，有的甚至非要考事业单位、公务员不可；自己创业既不敢，也没钱，左右为难可想而知。

可以说，这两种人在财富创造能力上的悬殊已昭然若揭。

这是指"差生"中的男生。"差生"中的女生，因为早就知道自己不是读书的料，所以把更多的时间放在了精心打扮上。她们虽然也同样具备创业条件，却更加相信"学得好不如嫁得好"（事实也正是如此）。嫁个好老公，一切都有了，可以少奋斗几十年。

关于这一点，从电视里各种各样的相亲节目上可以看得一清二楚：学历高的女孩迟迟没有人领走；而那些姿色姣好、"有胸无脑"的漂亮女孩，却屡屡被选为"心动女生"。

赚钱是不用教的

赚钱是不用教的。

错。赚钱是一门高深的学问，早学早得益。

赚钱、投资、理财既是一门技术，也是一门艺术，不但需要学习，而且需要不断学习。即使这样，一般人也很难达到炉火纯青的地步，以确保自己的财务自由。

现行教育体制基本上集中在两大领域：学校教育（包括幼儿园，小学，普通中学，普通高等院校）、职业教育（包括中等职业技术学校、高等职业技术院校）。我国也是如此。

其实，必不可少的还有每个人不可或缺的财商教育。下面就来看看学校教育、职业教育、财商教育之间的区别。

学校教育

学校教育培养的是学生的听、说、读、写、计算能力，侧重于基本的科学文化知识，是一种通识教育，主要是为孩子将来踏上社会打基础。

学校教育虽然也强调与社会相结合，但是关在校园里闭门读书，与社会现实之间的脱节显而易见。所以你能看到，孩子即使大学毕业了找工作，用人单位也是很不满意，有的单位甚至还要从头教起，教他们怎样做人、做事。在踏上社会后学非所用的比例相当高，基本上是视收入高低的马首是瞻。

职业教育

职业教育培养的是孩子将来从事特定职业所具备的才能。这些职业通常具有某种实用性，如车工、钳工、服装设计、数控、加工、电子、机电一体化、烹饪、导游、会计、文秘、动画设计、汽车修理、电商等。

由于职业教育的学习内容侧重于实用性，所以与现实社会的结合更进了一步，但依然脱节严重。孩子毕业时的理想与用人单位的要求相差极大，最终改行的依然比比皆是。

财商教育

财商教育不是学校里的一门正式课程，所以在我国，无论孩子上什么学校都学不到这门课，而它又是孩子将来踏上社会后（甚至现在就）必不可少并且首先必然会遇到的问题。

财商教育的目的，是要提高一个人的财商。财商高的人，一方面善于把所挣到的钱尽快地变成永久性财富，同时尽快实现财务自由；另一方面，又能巧妙地避开财务陷阱，减少财务失败，使得个人和家庭绕开财务困境。

所以说，如果孩子在学校里读书时，人们最关心的是他的学习成绩的话；那么当他踏上社会后，就很少有人关心过去的学习成绩好坏了，人们更关心的是他的工作、收入以及处理财务问题的能力。

换句话说，人们对学校里读书的孩子，最关心的是他的智商；而当他踏上社会后，更关心的是他的财商。有时候虽然不当面这样问，但暗中考察的仍然是这个。电视相亲节目中，女嘉宾最关心的多是对方收入的高低。

你能看到，原来上大学时各方面非常相近的一对好朋友，毕业5年、10年后，哪怕在同一个单位工作，两个人（小家庭）的财务状况也会有很大不同。其中当然涉及多方面的因素，但财商高低起了决定性作用。

我身边就有这样的真实故事。

我的一位同学曹姐，1983年毕业分配在无锡工作。1985年，住集体宿舍的她投资1.5万元买了一套29平方米的顶楼小套（二手房）。也不知道这个"天文数字"的钱当时她是从哪弄来的，后来听说是她和一个亲戚合买的。要知道，当时几乎没有任何人投资商品房，所以大家都怀疑她的大脑是不是"有问题"，借钱、买房、租给别人住，这不是"学雷锋"嘛。但后来的事实证明，不是她的大脑有问题，而是我们这些人"有问题"。

没过几年，她就把这套住宅售出，赚了一倍。然后继续这样运作，雪球越滚越大。1999年，无锡某企业的新加坡客商回国定居，有4幢独立别墅要对外转让，每幢价格40万元。得知消息的她想一口吞下，苦于没有贷到足够的钱，所以最终只买下其中的2幢，一幢自己住，一幢准备留给女儿大学毕业后做陪嫁。

按现在的价格算，每幢超过 1 500 万元。

就这样，和我同年的曹姐成了同学中的"富婆"，而这一切并不是她工资多高赚来的，靠的是财商。可以说，她在这方面比我们其他同学都早开窍；而等到我们开始开窍的时候，机会早已消逝了。

曹姐的父母过去有没有教她财商？不得而知，但她用实践证明了，她在这方面比其他人有更强的洞察力，非常善于把"积蓄"及时转化为"资产"，从而产生投资收入。

中产阶级最幸福

中产阶级最幸福。

错。中产阶级在各国都不是最幸福的。

中国人历来希望"望子成龙、望女成凤"，而"成龙""成凤"的标准，就是有一份轻松而稳定的工作、即使不是太高也不能低于平均数的收入，再怎么着也不能从事体力劳动。容易看出，其落脚点就在于让孩子挤进中产阶级行列。

中产阶级的"中"，意味着比上不足、比下有余，处于中间。这里的"上"是指富豪阶层，中产阶级与之相比还"穷"得很；这里的"下"是指贫困阶层，与他们相比中产阶级又算是相对富裕一族了。

各国对中产阶级并没有一个明确的定义和标准。在我国，通常认为家庭年收入在 6 万元到 50 万元之间，拥有完全产权的住宅、小轿车，并且有一份比较轻松、至少是坐办公室的工作①，就可以称为中产阶级了。不用说，现在的父母希

---

① 职业是衡量是否属于中产阶级的主要指标之一。例如年收入 10 万元的中小学教师可以"列入"中产阶级，菜场上卖鱼的小贩，哪怕他的年收入高达 16 万元，都会被排除在外。

望孩子好好读书，将来工作后所达到的层次不过如此①。很少有父母异想天开，会希望孩子将来成为亿万富翁的。

中国人历来崇尚"中庸之道"，可是看看我们周围的中产阶级，为什么就过得不开心呢？这除了工作方面的原因②外，还和从小缺乏财商教育密切相关——他们虽然拥有一份家庭财产，却由于不善于投资、理财、规划，原有的财富在不断缩水；虽然年收入可能也还在不断增长，可内心却依然感到生活压力越来越大，"活得不开心"。

不但如此，即使在国外，中产阶级也是一个颇为尴尬的阶层，甚至成为一种嘲讽对象。在许多国家，如果别人说你是"唷，你是中产阶级耶！"并不一定是恭维话，很可能是相反，有点类似于国人所说的"吃不饱，也饿不死。"

从财商方面看，中产阶级通常缺乏最起码的财务知识，最典型的表现为连"资产""负债"的概念都搞不清，还在那里大谈特谈家庭财产、资产、家当等概念。而本书前面已经提到，"资产""负债"实在是非常重要的概念，如果连这一点都没搞懂，要想实现家庭财富的快速增长就是一句空话。

例如，所有企业和单位都有财务报表，其中最重要的是三张表：资产负债表、损益表、现金流量表。资产负债表排在第一位，从中你可以看到这个企业、单位究竟有多少"资产"和"负债"。把这个概念引申到家庭中来，就是说你这个家庭或个人究竟拥有多少"资产"和"负债"。

需要指出的是，"资产"和"负债"并不是绝对概念，两者之间有可能会相互转换。例如，你有一套住宅用于对外出租，租出去后每个月都有房租收入进账，这时候这套住宅就是你的"资产"；而当这套住宅一连几个月租不出去，或

---

① 严行方：《中产阶层》，中华工商联合出版社2008年版，第7页。
② 以中产阶级的典型代表公务员为例。普通劳动大众是"不劳动者不得食"，基层公务员则是"不服从者不得食"。哪怕上级发出的是错误政令都要坚决照办，基层公务员的自由和幸福度可见一斑。

者你根本没想对外出租，就这样闲置在那里，这时候它就摇身一变成了你的"负债"。因为这时候它不但不能为你带来收入，相反还要问你"要钱"。再怎么说，每个月的物业管理费、房屋折旧总是明摆着的吧？

在这里，我们不去进行学术探讨，也不是上会计课，所以，可以用最通俗的语言来描述"资产"和"负债"的概念：简单地说，凡是能够为你赚钱进来的就是"资产"，凡是需要你向外掏钱的就是"负债"；或者从另外一个角度看，当你有朝一日没有了收入来源时，能够养活你直至过上体面生活的就是"资产"，而会让你雪上加霜、四处躲债的则是"负债"。

明白了这一点就知道，以后在谈到"资产"时，你就再也不要一古脑儿地把家用电器、家用轿车、一部高档一点的智能手机，甚至拥有几套衣服、鞋袜等也都列作"资产"了，这会闹笑话的。

中产阶级的收入看起来并不低，之所以他们也会有种种经济烦恼，实在是因为他们错误地把"负债"当作了"资产"。每当有钱想添置"资产"时，增加的却往往是"负债"，结果事与愿违。

经常会看到这样的报道：在北京、上海等大都市，有些白领青年月收入过万，却仍然抱怨入不敷出。翻开他们的账单一看，每个月用于购买服装、化妆品、下馆子等方面的开支就要七八千，难怪要成为名副其实的"月光族"了。怪谁呢，说穿了就是他们的财商有问题。他们误把"负债"当"资产"，照这样下去，个人财产多少年后都不可能有快速积累。

所以，父母有必要从小就让孩子理解"资产""负债"的概念和区别，有钱尽量添置"资产"而不是"负债"。如果真正做到了这一点，就不但不用一辈子辛辛苦苦为衣食住行打工，而且还能提前享受到财务自由的快感——到了那时候，你即使躺在这些"资产"上也拥有足够的开销了。